「本番に弱い」を克服するメンタルトレーニング

受験親必読！

SANNO BOOKS

はじめに

はじめまして。岡島《おかじま》卓也《たくや》です。

僕は、大学受験予備校で受験生に化学を教えています。受験生たちと向き合って15年目になりました。数年前からメンタルトレーニングを学び、最近では、受験生の保護者の皆さんにお話をする機会もいただくようになりました。

講演会の質疑応答やアンケートで、よく寄せられる質問があります。それは**「子どもの合格のために何かしてあげたいのですが、何をすればよいでしょうか」**というものです。

受験生は孤独です。一人で勉強し、一人で入試に臨まなければなりません。10代の子どもたちにとっては、過酷な試練ともいえるでしょう。こうした受験生活において、一番の支えとなるものをご存じですか？　友達？　それとも、先生でしょうか？

それは＜**家族**＞なのです。

予備校で実施するアンケートに「受験期に一番の支えになってくれた人は誰でしたか」という項目があります。その堂々の第一位は「家族」です。大学受験に臨む18歳前後は多感な年頃にあり、子どもと親とで衝突することもあるかもしれません。それでも、子どもが受験生活で最も支えとするのは、家族。それくらい、**子どもにとって家族は大切な存在**です。

入試で合格を掴み取ることとは、子どもたちの夢を叶える大きな一歩です。その一歩を踏み出すために、ご家族で一丸となって受験生を支えてください。子どもたちが抱いている夢は、**お母さん・お父さんの協力なくしては実現しない**ものです。これは、僕が常々思っていることであり、そして受験に関わる者が誰しも口を揃えて唱えていることです。

小・中学生のときと違い、高校生や高卒生ともなると、子どもとの付き合い方に悩む保護者が多い印象を受けます。そんな中でも「**子どもの合格のために、何**

子どもを思う親の気持ちを強く感じます。**かか力になれることはないだろうか」「受験を一緒に頑張っていきたい！」**という、

こうした保護者の皆さんの悩みを受け、僕はメンタルトレーニングを通じて、皆さんのお役に立ちたいと考えます。しかし現実的には、保護者の皆さんに直接お伝えできる機会は、あまり多くはありません。そこで、本書を通して、多くの保護者の方々にメソッドをお伝えしていきたいと思います。

この本は、**合格するための勉強方法をお伝えするものではありません**。僕が長年予備校で教えてきた中で見つけた**合格した生徒と、その保護者の行動パターン**から導き出した〈**合格する親子の共通点**〉をお伝えします。そして、皆さんが〝合格できる親子〟になるためのメソッドをご紹介していきます。

ここで取り上げるメソッドは「やらなければならない」と義務的に捉えるのではなく、**ご自身とお子さんの変化を楽しむ感覚で**取り組んでいただけたら嬉しいです。

本書が、皆さんの悩みを解決し、お子さんの合格、そしてその先にある夢の実現に向けて、前向きな一歩を踏み出せる手助けとなりますように！

はじめに

第1章

受験とメンタルトレーニング

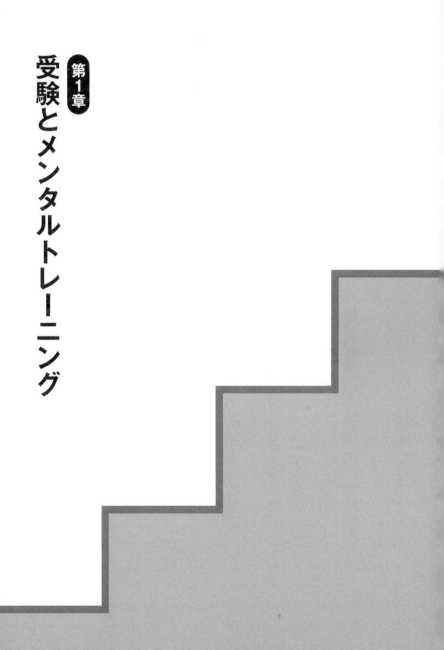

1 僕が予備校講師になった理由

僕は、1981年、大阪の南西部・泉南地域にある貝塚市に生まれました。小学校から帰ると同時に阪神タイガースの野球帽をかぶって外へ飛び出し、夏には家族で二色の浜へ潮干狩りに行き、秋になると法被姿でだんじりを追いかける少年時代を過ごしました。

ところが、親の転勤に伴い、中学1年次に東京へ引越し。そこで突然、いじめに遭うようになります。このことが原因となり、僕は長いこと自分を認めることができず、自己肯定感が低く、その後の人生でも数々のしくじりを経験しました。

メンタルトレーナーをめざしたのは「**強い心を手に入れたい！**」「**自分を変えたい！**」という当時の気持ちが原点です。

高校卒業後は、東京理科大学薬学部に進学。大学時代は薬の研究者をめざし、国家資格である薬剤師免許をストレートで取得します。親も友人も当然のように卒業後は研究者になると思っていたはずですが、予備校講師の道に進みました。安定職ではなく、なぜ、予備校講師の道を選んだのか。それは、僕の教えた内容で、生徒の成績が伸びていく様子を間近で見れることに、このうえない喜びを感じたからです。

転機は、大学時代に経験した塾講師のアルバイトです。バイト先は小さな町塾で、勉強が苦手だったり、嫌いだったりする子たちがたくさん通っていました。どのような流れで、どのような言葉を使って教えたら「わかった！」と言ってくれるのか。そんなことを考え、生徒たちの反応を確かめながら教えていました。一生懸命考え、伝えた内容について、「先生から習った通りにやったら、点数が伸びた！」「先生のおかげで成績が良くなった！」という生徒からの一言がとても嬉しかったのです。

ほかの仕事でも、誰かからの「ありがとう」はもらえたでしょう。けれども、僕は**一生懸命がんばる子どもたちからもらう「ありがとう」の虜《とりこ》になってしまっ**

たのです。

予備校講師になって15年。これまでに、複数の予備校で化学を教えてきました。指導した生徒の数は、延べ1万5000人。初めての教え子たちは、もう33歳になります。僕と出会ったころは夢に向かってがむしゃらに勉強していた彼・彼女らも、今は仕事や子育てに奮闘していることでしょう。

最近では、教え子たちと集まり、近況を話す機会も増えました。

・会社に勤めている教え子
・起業している教え子
・大学で研究している教え子
・学校で先生をしている教え子

教え子たちの進路はさまざまですが、**「世の中を良くしたい」「世の中を変えたい」という強い思い**を持って前に進んでいく姿は、とても頼もしいです。

僕は、化学という理系科目の講師だからこそ、次のような夢も持っています。

それは「理系に進む学生を増やし、日本や世界をより良くすることができる人材を社会に送り出す」というものです。

僕が教えていることは「受験で使う化学」であり、理系の学問の中ではごくごく限られた知識です。しかし、そうした限られた知識を吸収して活用し、自分が行きたい大学や学部に進む生徒たち。広い世界を見据えてがんばる教え子たちは、僕にとってかけがえのない宝物です。

2 メンタルトレーニングとは

これまで僕は、成績さえ上がれば、おのずと結果がついてくると信じていました。合格できないのは知識不足、努力不足だと思っていました。だから、講義はもちろん得点主義、テストで点を取るための授業しかしていませんでした。

でも毎年、必ずといっていいほど「普段通りの実力を発揮していれば必ず合格できるはずの生徒が、なぜか失敗してしまう」というケースに出会います。悔しそうな表情を浮かべる生徒たち。僕も、歯がゆく、やるせない思いをしたものです。

今の世の中には情報が溢れています。書店には受験の参考書が棚を埋め尽くし、インターネット上には勉強の仕方や年号の覚え方などの動画がたくさんアップされています。そして、塾や予備校では、合格するためのテクニックや対策を指導しています。こんなにもたくさんの情報が、手を伸ばせばすぐに手に入れられる環境にあるにもかかわらず、**なぜ「本番に弱い子」がいるのだろう。なぜ「本番で失敗する子」が後を絶たないのだろう。**この疑問は、長らく僕の頭の中にしこりのように住み着いていました。

あるとき、僕は講義の中で、ふと自分の失敗談を生徒に話しました。中学生のときは気が小さく、人と付き合うのが苦手だったこと。いじめにも遭ったこと。大人になってからは〝緊張しい〟で、本番で実力が出せずに悩んでいたこと。とりとめもない雑談のつもりでしたが、意外なことに、生徒たちの食いつきがよかったのです。みんな、前のめりになって、僕の失敗談に耳を傾けていました。

僕は、「**こんな自分は嫌だ**」「**メンタルを強化したい**」と思い、探し当てたのがメンタルトレーニングでした。半信半疑で始めたところ、自分のメンタルが徐々に強化されていることに気づきます。自己肯定感が高まり、自信が持てるようになりました。緊張やマイナス感情も、自分でコントロールできるようになりました。

メンタルが強化されると「できること」が増えていき、自分で掲げた目標を達成する機会が多くなりました。そして、「自分だけではなく、受験生にも知ってもらいたい！」と思うようになったのです。

受験期に一度も不安を持つことなく合格に至るような、何から何まで順風満帆に進む生徒は珍しいです。エビデンスになるような調査結果があるわけではありませんが、僕の感覚として、全受験生の9割以上は「モチベーションが上がらず、集中して勉強に取り組めない」とか、「こんなに努力しているのに、模試の結果はC判定止まりで、本当に受かるのだろうか」とか、何かしらの不安を抱えていると感じます。

つまり、ほぼすべての受験生が＜**心の課題**＞を抱えているのです。そしてその課題を解消する方法は、教科書にも参考書にも書いてありません。学校でも予備校でも教えることがない内容です。大人だって、知っている人は少ないでしょう。

勉強は裏切りません。勉強すればするだけテストの点はぐんぐん伸び、成績に直結します。勉強したにもかかわらずプレッシャーに負けて本番で失敗してしまうのは、心が弱いから。**心の鍛え方を知らない**からです。

心、すなわちメンタルを鍛えることで、次のような効果が期待できます。

- **「ヒヤヒヤ」や「イライラ」などの感情に振り回されない**
- **どんな状況でもベストパフォーマンスが出せる**
- **目標に向かって継続できる**
- **他人と比較しない自分軸が確立できる**
- **自分に自信が持てる**

〈メンタルトレーニング〉は、1950年代に旧ソ連で始められたものだそうです。日本のメンタルトレーニングの第一人者であるスポーツ心理学者の高妻容一教授によると、宇宙飛行士の不安やプレッシャーを解消することを目的に、自己コントロール法として取り入れられたといいます。その効果が評価され、その後、スポーツ心理学に基づき、アスリートの精神力を鍛えるためのトレーニングとして発展していきます。

ストレスやプレッシャーに負けない強い心を手に入れ、大一番の舞台でも実力を発揮する――こうしたことは、スポーツ以外の分野でも求められるものであり、最近では、教育をはじめ、ビジネスやアートなど、さまざまな分野で広く取り入れられるようになっています。

どんなに勉強をがんばっても、少しでも心に不安を抱えていると、本番でその不安に飲み込まれてしまう可能性があります。しかし、受験にメンタルトレーニングを取り入れることで「見たことがない問題が本番で出題されて、パニックに陥ってしまった」「緊張で頭が真っ白になってしまった」といった心の課題を、必ず解決できるようになるでしょう。

3 合格の先にあるもの

「2011年にアメリカの小学校に入学した子どもたちの65%は、大学卒業時に今は存在していない職業に就くだろう」――これは、ニューヨーク市立大学大学院センター教授キャシー・デビッドソン氏の言葉です。また、少し古い調査になりますが、2015年に野村総合研究所が発表した調査結果によると、今後十数年の間に、日本の労働人口の約49%が、人工知能やロボットなどにより、技術的には代替できるようになる可能性が高いとされています。

技術革新の影響で、新しいシステムやサービスが次々に登場し、世の中は目まぐるしく変化しています。子どもたちが大人になるころまでに、職業のあり方が大きく変わることは間違いありません。そうした変化の激しい世の中を生きることになる、今の子どもたち。人生は長く、大学受験は通過点であり、この先多く

育成すべき資質・能力の三つの柱

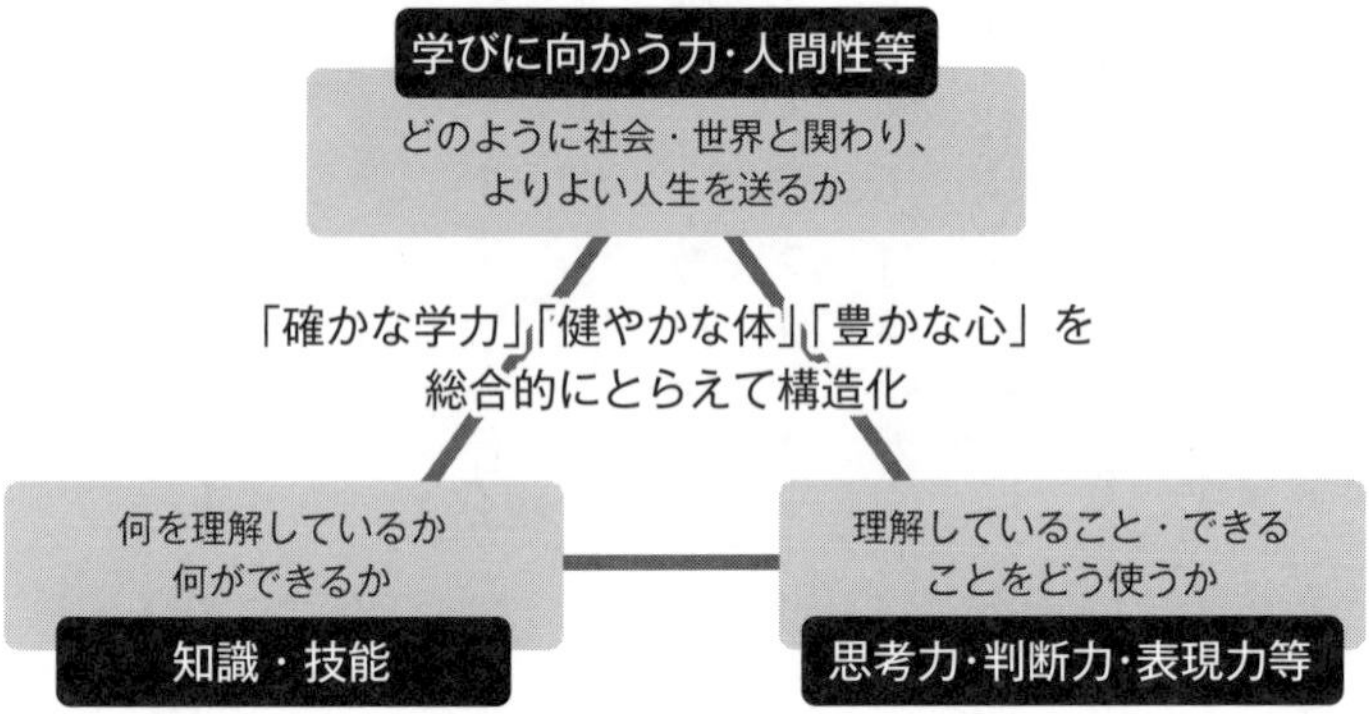

図：新学習指導要領「生きる力」より「育成すべき資質・能力の三つの柱」
（文部科学省ホームページ）

の進路選択の場面に直面することになります。そのときに「より良い選択」ができるようになるためには、どのような力が求められ、今、どのような力を育くんでいく必要があるのでしょうか。

社会情勢の変化を受け、**2020年度より新学習指導要領が段階的に導入**されます。学習指導要領とは、文部科学省が定める教育カリキュラムの基準のことで、全国どの学校でも、この基準に基づいて授業をする必要があります。学習指導要領は社会のニーズや時代の変化に合わせて、約10年ごとに改訂されています。小学校は２０２０年度、中学校は２０２１年度から全面的に実施、高校は２０２２年度入学生より年次進行で実施される予定です。

今回の新学習指導要領では、主体的・対話的な深い学び、すなわち**アクティブラーニングの視点**から、「何を学ぶか」だけでなく「**どのように学ぶか**」を重視して授業の改善を図ります。そして、新しい時代を生きていくために「何ができるようになるか」という、「知識・技能」「思考力・判断力・表現力等」「学びに向かう力・人間性等」といった資質や能力を育てていくのです。

少子化による大学全入時代に入り、受験生の誰もが行きたい大学に入れる時代がやってくると言われていましたが、実際はそうではありません。特に、中堅私立大学（偏差値55～60程度の大学）の難易度は近年上がりつつあります。理由はいくつかありますが、大きな要因は〈**定員の厳格化**〉です。

背景には、地方の学生が、首都圏や関西圏などの大都市圏へと過剰に流入していることがあります。それまで定員を超えて入学させることを容認されてきた私立大学は、２０１６年より入学定員管理が厳格化され、基準を超えて入学させた大学・学部に対しては、国からの私学助成金（補助金）が交付されないことが決まりました。

入学定員の基準を守るために、**大学は合格者数を減らさざるを得なくなっている**のです。とある大学では、3年間で約170人も合格者数が減りました。これがなぜ、中堅私大の難易度上昇につながるのでしょうか。具体例を挙げて解説しましょう。


受験生X君は、偏差値60の中堅私大を第一志望に考えています。これまでの模試における成績は偏差値58〜60程度で、志望校にはB〜C判定が出ていました。合格安全圏とは言えないまでも、実力を発揮し、ベストを尽くせば合格には十分手が届くと思われていました。

ところが、結果は残念ながら不合格。結局、合格した偏差値50台後半の大学に進学することになりました。なぜX君は合格できなかったのでしょうか。それは、次のような仕組みです。

偏差値65以上の学力を持つ受験生たちは、進学先確保、いわゆる〝滑り止め〟のために偏差値60程度の大学を受験し、合格者の椅子を奪って行きます。しかし大学は入学定員を守るために合格者数を以前よりも減らしているため、X君のような偏差値60ギリギリの受験生は、その椅子に座り損ねてしまうのです。

僕が教えている生徒の中でも、このようなケースは稀ではなくなってきました。超難関大学に合格したのに、中堅私立大学は不合格だった、という話もしばしば耳にします。それくらい、中堅私立大学の倍率や難易度が上がっているのです。

この話は、国公立大学をめざしている人にとっても無関係ではありません。それは、受験スタイルとして**超安全志向**の傾向が強まっているからです。理由は「**入試が変わるから**」です。

皆さんご存知のとおり、2020年度入試（2021年実施）より、大学入試センター試験が廃止され、新しく〈**大学入学共通テスト**〉が始まります。テストが新しくなると、2～3年は傾向が安定しません。傾向が見えないと、対策が取りにくくなります。こうしたことから、浪人を敬遠し、**確実に合格を取りに行く**、超安全志向の受験が広がるのです。

具体的には、偏差値70の受験生が、安全のために偏差値60の大学を受験する、ということが起こります。これまでは、偏差値70の受験生は、偏差値65程度の大学を確実な進学先として見据えていました。しかし、超安全志向においては偏差値が10離れている大学も受け、**確実に合格＝進学できる先**を確保するのです。

国公立大学をめざしている受験生でも、私立大学を併願先として受験する受験生は増えています。「私立は簡単だから、どこか合格できるだろう」と軽い気持ちで受験して、痛い思いをした生徒も多く存在します。このように、大学受験はさらに過酷さを増しています。

つらい思いをしてまで受験をする必要はあるのでしょうか。僕は、過酷であるからこそ、つらい思いをするからこそ、受験にチャレンジしてほしいと思っています。高い壁に挑む経験は、他の欲を抑えて一つのことをやり遂げる力を育ててくれます。大きなハードルだからこその集中力や、途中であきらめない意志の強さを身につけることができるでしょう。これはすなわち志の強さであり、**社会に出てからも、多くの場面で求められるもの**です。そして、受験勉強の段階で心を鍛えることで、その後の人生で出会うさまざまな壁にも、果敢に挑戦できると信じています。

4 これからの大学入試

今の受験生の保護者にあたる皆さんは、おそらく団塊世代を親に持ち、第二次ベビーブーム前後に生まれた方が多いのではないでしょうか。共通一次（共通第一次学力試験）やセンター試験（大学入試センター試験）に挑戦された方もいるでしょう。同年代の人口が多かったため、団塊ジュニア世代の大学受験は熾烈な競争となりました。

また、今より学歴主義も強い時代でした。親は、〝良い大学〟に入り〝良い会社〟に就職することが〝良い人生〟を歩むための条件だと考えてきた団塊世代。そうした親世代の影響を受け、偏差値志向が強く、「何浪してでも難関大学に入るべき」と考える受験生も数多く存在しました。

しかし、現代は少子化による大学全入時代にあり、また人々の価値観も多様化しています。保護者の皆さんの受験時の常識が、今も常識として通用するとは限りません。

例えば、1973年生まれの方が大学受験をした1992年の18歳人口は、205万人。当時の志願倍率は、国公立大学で5～7倍、私立大学が9～10倍程度、中には20倍を超える大学・学部もありました。一方、2020年の18歳人口は115万人。2019年度入試における平均倍率は、国公立大学が4・1倍、私立大学では4・2倍です。

また、選抜方法も以前より多様化しています。従来の一般選抜に加えて、**総合型選抜**（2019年度まではAO入試）や**学校推薦型選抜**（2019年度までは指定校推薦）を実施する私立大学・国公立大学が増加傾向にあります。

そして、2020年度より、大学入学共通テストがスタートします。英語の民間試験活用と、国語と数学における記述式問題が鳴り物入りで導入される予定でしたが、2019年末に突如延期を発表。多くの生徒や保護者、教育業界が大混乱に陥ったことは記憶に新しいと思います。

さらに、新型コロナウイルスによる休校が長引いた影響もあり、大きな変更が相次いでいます。例えば、高校3年生は、大学入学共通テストを2つの日程から選べるようになることが、文部科学省より発表されています。その他、高校3年で学習する内容については選択問題を取り入れるなど、出題範囲への配慮も各大学に求めています。

また、多くの部活動の大会が中止になったことも踏まえて、総合型選抜や、学校推薦型選抜などでは、推薦書や志望理由書にこうした実績を書けないことについても、配慮するように求めています。ただし、いずれも各大学が判断することになるので、志望大学の発表を注視する必要があります。

とある国公立大学では、大学独自の試験（いわゆる〝二次試験〟）は実施せず、共通テストの点数のみで合否判定を行うことを発表しています。また、私立大学には、国からの要請により、追加日程や後期試験を増設することを求められています。そのため、受験期間が長引くことが予想されます。

さらなる混乱が予想される2020年度以降の入試。例年以上の〈**不安**〉が受験生を取り巻くことが容易に想像できます。例年通りの志望校対策が無駄になることはないと思われますが、「予想もしなかった何か」に直面する可能性も高いといえるでしょう。そして、**そのようなときにも、うろたえず、平常心で、いつもどおりの実力を発揮できる受験生こそが入試を制する**と断言できます。

そのためにも、保護者の皆さんの力が不可欠です。どのような状況でも、合格を掴み取る。受験生がやるべきことに集中し、本番で力を発揮するための土台となるのは、〈**保護者の方のメンタル**〉です。

次章からは、どのような状況でもお子さんを支えることができるようになるための、考え方やメソッドを確認していきます。受験生本人にも役立つ知識がありますので、ぜひ、親子で共有してください。では、混乱の海に飛び込む受験生を一緒に支えていきましょう。

第2章

合格する親子の三原則

1 三原則を確認する前に

第2章では、具体的なメンタルトレーニングに入る前の序章として、〈**合格する親子**〉とはどのようなものなのかを考えていきます。保護者の皆さんと**めざしてほしいゴール**を共有するのが、本章の位置づけです。

さて、はじめに、皆さんにお願いしたいことがあります。それは、これからご紹介する内容を読んで「うちの子はできていない……」と悲観したり、できていない自分を責めたりしないでほしいということです。

〈**合格する受験生の共通点**〉に当てはまるものが一つもなかったとしても、現段階ではそれはまったく気にする必要はありません。本書を読み進める中でゴールが明確になり、**受験生としてのあり方、めざすべき姿**を意識するようになると、おのずとその姿に近づいていきます。

同時に、皆さんに〈**合格する受験生の親の共通点**〉に欠けているものがあるとしても、それはなにも、親失格だというわけではないのです。むしろ、本書を手に取っていただいた時点で、皆さんは子どものために何かしたい、何とか手助けしたいと熱心に考える、実に子ども思いの親御さんでしょう。

ここでご紹介する共通点は、皆さんにこれからめざしてほしい〈**あり方**〉です。受験生も保護者も、今できていなくとも、これからその姿をめざして、できるようになっていければよいのです。

子どもには、変われる力があります。柔軟性を持ち、伸びやかに変化し、成長していく力を秘めています。本書でご紹介する方法を実践いただくことで、子どもたちは確実に変わっていくことでしょう。

そして、子どもたちを支える保護者の皆さんも、はじめから「こんなことできない」とか「自分には無理」などと思わず、まずは試しに実践してみてください。そして、自分や子どもの言動や、親子の関係性が変化していく様子を、ぜひ楽しんでください。

2 「合格する受験生」とは

日本では、昔から武道や相撲などでは〈**心技体**〉、すなわち**精神・技術・体力**の三要素が重要だと唱えられてきました。これは、受験にも当てはまる考え方です。

心　＝　自律、自信、志
技　＝　学力、成績、アウトプット
体　＝　体力、体調、生活習慣

受験生や保護者の多くは、受験勉強で大切なのは、「技」のみだと考えているようです。確かに、学力が一定ラインに至らなければ、合格を手にすることはできません。でも、受験当日に熱が出てしまったら？　または、試験問題に苦手分野からの出題があり、頭が真っ白になってしまったら、どうでしょう？

学力だけでは乗り越えられないのが受験の壁。心技体が三位一体となって取り組まなければ、めざす目標を突破することはできません。どれが欠けても、合格を手にすることは難しいのです。

毎年2月、3月になるとさまざまな生徒の姿を目にします。志望校に現役合格して喜ぶ生徒もいれば、努力に努力を重ねてがんばってきたのに、残念ながら不合格になってしまった生徒もいます。その中で、僕はあるとき＜**合格する受験生の共通点**＞を見つけました。

合格する受験生の共通点

1. 行動が早い
2. 素直である
3. 前向きである

もちろん、合格を手にするためには、先述の心技体でいうところの「技＝学力」と「体＝体力」が備わっていることが前提です。そのうえで、合格する生徒には、「心」として、この3点が身についていることに気づいたのです。

「なるほど！」と納得する方もいれば、「これだけ？」と腑に落ちない方もいるかもしれません。では、合格する受験生の3つの共通点を、具体的に見ていきましょう。

① 行動が早い

生徒から質問を受けたときに「あなたの課題を解決するためには、問題集の○ページを解くといいよ」と僕から提案することがあります。すると、次の授業のときに「先生、先週言われた○ページを解いてみました！」と報告してくれる生徒がいます。

このような生徒を見ると「順調に学力が伸びそうだな」「合格できそうだな」と確信めいた何かを感じます。実際、入試が落ち着いてから結果を確認すると、合格しているケースが多いのです。

一方「合格は難しいだろうな」と思う生徒は、講師からアドバイスを受けても、その場止まり。そのときは「ためになる話を聞いたなあ」という顔をしますが、後で実際に問題に取り組んでみたり、自分で復習してみたりすることがないようです。次の授業のときに確認すると、たいてい「あ、まだやっていません」という返事が戻ってきます。なんとなく、講師のアドバイスを他人事のように受け止めている印象です。

先に挙げたような行動が早い生徒は、日常生活でもヌケ・モレが少ないと感じます。例えば、提出物ひとつ取っても「提出期限を守る」「内容に過不足がない」「他人が読んでもわかりやすく書かれている」というように、満足のいくものに仕上がっています。

言われたことをすぐに実行に移す行動力は、時間の余裕を生み出します。この余裕は〈**できること**〉の**量**を増やし、**質**を高めるものです。つまり、「**できることが増える×質が高くなる**」という相乗効果が得られ、成果（結果）につながってくるのだと、僕は考えます。

行動が早い

↓

時間の余裕を生み出す

↓

できることの「量」を増やし、
「質」を高める

多くの予備校では、生徒の学力に応じてクラス分けをしています。僕は、学力が高いクラスから低いクラスまで幅広く担当していますが、学力が高いクラスほど「すぐに行動する」習慣を持っている生徒が多いと感じます。講師に言われたことをすぐに行動に移せる生徒は、そうすることで次の過程もスムーズに進むことを、経験として知っているのでしょう。つまり「学力が高いから行動が早い」のではなく、結果として「**行動が早いから学力が上がった**」と言えるのです。

② 素直である

僕が教えている予備校には、さまざまな学力層の生徒たちが通っています。すでに高い学力を備えている生徒もいれば、これからたくさんの努力が必要になる生徒もいます。

夏前までは偏差値30台だった生徒でも、秋になると「模試で偏差値60を超えました！」と報告しに来てくれることがあります。そうした生徒に「どんなことをしたの？」と尋ねると、「先生に言われたとおりに勉強しました！」と返ってきます。口裏を合わせたかのように、皆、そう言うのです。

僕が生徒に**勉強のやり方**として指示していることは、次の４つです。

・暗記カードを作ること
・配布したプリントを指定した方法でやること
・毎日やること
・朝にやること

極めてオーソドックスな勉強法ですが、この４つを漏れなく、間違いなく実践することで成績は伸びると、僕はいつも口を酸っぱくして唱えています。成績が伸びた生徒たちに〝先生の言われたとおり〟の具体的な方法を確認すると、本当に、100％僕が指示したとおりに取り組んでいることがわかります。つまり、僕が伝えたことを素直に、そのまま実践しているのです。

逆に、成績が伸び悩む生徒の多くは、僕が提唱する4つの方法に取り組んではいるものの、指示どおりに実践していないケースがほとんどです。何かを勝手に加えたり削除したりと、どこかで〝自己流〟を取り入れています。

・一日おきにやる（勝手に削減）
・後回しにする（勝手にスケジュール変更）

教える立場からすると「せっかく教えたのに（がっくし……）」という気持ちになってしまうところです。興味深いのは、こうした自己流行動パターンをとる生徒は、2つのタイプに分かれることです。

A：勉強のやり方を知らないタイプ
B：自分のやり方に固執するタイプ

Aの「勉強のやり方を知らない・わからない」というタイプは、正しい勉強法をマスターすることで成績が上がる伸びしろがあります。一方、Bの「自分のやり方に固執するタイプ」は厄介で、学力の伸びが鈍い傾向があります。彼らが自分のやり方を固持したがるのは、**失敗を恐れているから**です。「新しいやり方を試してうまくいかなかったらどうしよう」という不安が、視野を狭め、思考を硬直させてしまうのです。

勉強というのは、できないことを見つけることだと僕は考えます。できないことを、できるようになるまで、一生懸命がんばる。だからこそ、できないことができるようになったときに、気分が高揚し、心踊るのではないでしょうか。

素直さを持って勉強に取り組める生徒には、**できたときの喜び**を感じるタイミングが、必ず訪れます。そして「もっとできるようになりたい！」とさらに意欲的に勉強に取り組めるようになります。このような、素直な学びの姿勢が、合格に直結していくのでしょう。

③ 前向きである

前向きであるかどうかは、模試の後に顕著に表れます。受験生にとって模試は一大イベント。模試の結果には、多くの生徒が一喜一憂するものです。良い結果に喜ぶのはどの生徒にも共通していますが、悪い結果だったときの反応はさまざまです。

「先生どうしよう……。ひどい点数を取っちゃいました。マジで最悪です……」と、不安になるところまでは一緒。しかしこの後、次のどちらのセリフを口にするかで、その生徒の性質がわかります。

A：「どうしたらできるようになりますか？」
B：「合格できる気がしません」

もう予想できると思いますが「あ、この子は合格するな」と僕が思うのは、Aの方です。間違えてしまった問題を解けるようになるための方法を質問してくる生徒です。

志望校に合格したい

↓

学力を上げなければならない

↓

できないことを、できるようにする

逆に、Ｂのような生徒は「不安だ」「無理だ」などと口にするばかり。**できなかった事実**だけを見て終わりにしてしまう印象です。これでは次につながらず、成績は改善されません。

受験勉強は非常にシンプルで、上図の流れで勉強を進めていくものです。

解けなかった問題が解けるようになることで、レベルが一つ上がる。これを繰り返すことで、徐々に学力が身についていくのです。そのため「どうすれば解けるようになるか」に集中すること、解決方法を探そうとする姿勢を持つことが重要です。合格を掴み取る生徒は「できない（できなかった）」に直面したときに「**どうしたらできるようになるのか**」と、考えることができます。この思考こそが、前向きさの表れです。

ただし、一つ注意したいのは**「無理やりなポジティブ思考」ではない**、ということです。無理やりなポジティブ思考とは、事実を直視せずに前に進もうとすることです。

例えば、模試の結果が悪かったときに「結果は悪かったけれど、気にしない」「今回は難しかったから仕方がない」など、できない事実を無視して、捉え方だけが前向きである状態です。これでは本末転倒、「できないことが、できるようになる」はずがありません。

ここでお伝えしたい**前向きさ**とは、できない事実を一度受け止めたうえで、それをどのように克服していくのかを考えられることです。つまり、**前に進むことを目的とする考え方**だと、ご理解いただけたら嬉しいです。

合格する受験生の共通点

1. 行動が早い
2. 素直である
3. 前向きである

3 合格する受験生の「親」とは

ありがたいことに、最近では保護者の皆さんの前でお話しする機会をいただくようになりました。保護者の皆さんと直接やり取りを重ねる中で、合格する受験生に共通点があるように、〈**合格する受験生の親**〉にも共通点があることがわかりました。

合格する受験生の親の共通点

1. 子どもを信じている
2. 自分たちにできることをしている
3. 前向きである

では**合格する受験生の親の共通点**、つまりこれからめざす目的地を一緒に確認していきましょう。

①　子どもを信じている

まずは、僕が出会ったある親子のエピソードを紹介させてください。国公立大学の医学部を志望していた受験生と、その保護者の話です。

医学部に合格するためには、最低でも偏差値65は必要だとされています。この基準は、そう簡単にクリアできるものではありません。想像を大きく超える努力が求められる数字です。

ご紹介する生徒は、高卒1年目の生徒A君でした。夏の模試の偏差値は60。目標とする偏差値まであと少しですが、あと4カ月でこの差が埋まるかどうか、とても微妙な成績でした。

A君のお母さんとお話したときのことです。「この子はこのまま医学部をめざしても大丈夫でしょうか?」と質問をいただきました。僕は嘘がつけない性格なので「医学部を諦めるべき状況ではない。けれども、確実に合格できる状況でもない」と、ありのままに考えをお伝えしました。すると、そのお母さんはこのようにおっしゃったのです。

先生、正直に答えてくださり、ありがとうございます。息子の状況がよくわかりました。厳しい状況には変わりないですが、本人は医学部を諦めたくないと言っています。２浪目は正直考えたくはないですが、もし、本人ががんばりたいと言うなら、やらせようと思います。どうぞ最後まで、ご指導よろしくお願いします。

僕はこの言葉を聞いたとき、とても感銘を受けました。「**子どもの夢を最後まで応援し続ける姿勢**」と「**失敗しても受け入れる**」という懐の深さが感じられたからです。僕が「お子さんのことを信頼されているのですね」と言ったところ、「私にできるのは、信じることだけですから」とおっしゃっていたのも、印象的でした。

多くの保護者は「高い授業料を払って予備校や塾に通わせているのだから、必ず結果を出してもらわないと」と思っているものです。すでに高校を卒業している受験生（いわゆる浪人生）の保護者の皆さんは、特に強く感じているのではないでしょうか。

しかし、結果を強く求めれば求めるほど**「失敗すること＝良くないこと」**という考えを子どもに押し付けることになりかねません。また、結果を求めるあまりに「うちの子はまったく勉強しない」「苦手な数学をほったらかしにしている」「本当に注意散漫だ」など、足りないところや、できていないところばかりが目につくようになってきます。これでは、子どもを信じているとは、とても言えない状態です。

一方＜**合格する受験生の親**＞は、費用のこと以上に「失敗してもいい。子どもが本気でやりたいと思っているならば、最後まで全力で応援しよう」という覚悟が、根底にあるように感じます。そして、親が自分を信じ、自分に任せてくれていると実感できると、子どもたちは安心して、困難に向かって挑戦していきます。

子どもたちは「**親には一番の応援者でいてほしい**」という気持ちを、心のどこかに持っています。一番の応援者になるための第一歩が〈**子どもを信じる**〉ことだと、僕は考えています。

これは、保護者に限ったことではありません。僕たち予備校講師も同じです。生徒によっては、自分の実力以上の学力を求められる大学を志望していることもあります。僕もまた「○○大学に行きたいけれど、自分には無理でしょうか」という相談を受けることが、しばしばあります。学力から判断すると「かなり厳しいな」と思いますが「気持ちはよくわかった。そのために、まずはがむしゃらに勉強をがんばろう！」と伝えると、とても安心した表情を浮かべるものです。

保護者の皆さんも、子どもの受験結果を心配することがあるでしょう。しかし、自分の子どもの素晴らしい点、優れている点を思い出し「高い目標に挑戦する姿を最後まで応援しよう」「仮に失敗しても、この子なら乗り越えていける」と信じてください。

② 自分たちにできることをしている

ここでもまた、僕が印象に残った親子のエピソードをご紹介します。成績がなかなか上がらずに悩む受験生B君と、その子を支える保護者の話です。

B君は、高校3年の現役生のときに指定校推薦を利用して受験したものの、不合格となりました。一般入試にも挑戦しましたが、残念ながら、もう一年間、受験生活を送ることとなりました。

「もう、こんな悔しい思いをしたくない」という気持ちから、入試が終わった直後の2月から本格的に勉強を開始。最初は偏差値50くらいからのスタートでした。

コツコツと努力できるタイプの生徒で、傍から見ても本当に一生懸命勉強しているのがうかがえました。「これだけ勉強したのだから、成績は上がっているだろう」と勇み足で受けた5月の模試。しかし、結果は期待を裏切るものでした。「あれだけ勉強したのに、目標点数にまったく及ばなかった」と非常にショックを受けていたB君。そのときは、声を掛けるのもためらわれるほどでした。

ところが、次の授業でB君に会ったとき、先日の落ち込みはどこへやら、以前よりもさらに意欲的に勉強に取り組んでいるではないですか。僕は「気持ちの切り替えができたの？」と聞いてみました。

B君：模試の点数が低すぎて、本当にショックで、ヘコんでました。でも、僕の努力不足だし、もっとがんばろうと思ったんです。

僕：気持ちの切り替えが上手だね。

B君：そんなことないです。自分ではがんばってきたつもりだったので、モヤモヤしちゃって……。だから、思っていることを両親に全部ぶっちゃけました！

僕：へえ。お父さん、お母さんとはよく話すの？

B君：普段はあまり話さないんですけど、今回は煮詰まっていたので、思わず愚痴っちゃいました。

僕：ご両親から、何かアドバイスをもらったの？

B君：アドバイスというより、とにかく話を聞いてくれました。それから『先生の言うことをよく聞いて、その通りに勉強しなさい。私たちは、受験や勉強のことはよくわからない。プロである先生たちに任せているから、先生たちを信じてやっていこう』とも言われました。

会話から、親子の良好な関係性をうかがい知ることができますね。B君はその年、別の種類の推薦入試を利用して、他の受験生よりも早い時期に合格を掴むことができました。見事に前年のリベンジを果たすことができたのです。

このエピソードで注目してほしいポイントは、B君のご両親の対応です。B君のご両親は**自分たちにできることと、できないことを明確に区別**しています。そのうえで、自分たちにできないことは、その道に精通している人間に託していることがおわかりいただけると思います。

【自分たちにできること】　息子の話を聞く
【自分たちにできないこと】　具体的な勉強のアドバイスをする

他方、合格が遠のいてしまう受験生の保護者は、自分にできることとできないことの線引きがあいまいで、自分にできないこともやろうとする傾向があります。例えば、次のようなことも自分が引き受けようとしていませんか？

・成績が伸びない原因を勝手に分析する
・自分が学生時代に実践した勉強法を、一方的に教える
・本人の合意を得ずに模試の目標を決めて、押し付ける

僕のところにも「うちの子は暗記力が弱いから、毎日単語を覚えるべきなのに、全然手を付けません」「成績が上がらないのは、塾の教え方が悪いからではないですか？」といった相談やご意見が寄せられることもあります。保護者が自分の手の及ばないところにまで考えを巡らせ、その結果、自分以外の人や物に原因を求めていることがよくわかります。

もちろん、子どものことを心配に思っての行動であることは、十分に承知しています。けれども、お子さんはもう高校生。小学生ならまだしも、高校生の子ど

もの具体的な勉強法に口を挟むのは、親子の関係に亀裂が生じる原因にもなりかねません。

受験勉強や入試情報などは、予備校や塾が得意とするところです。学習指導だけでなく、過去の受験生から得た多くのデータと最新の入試情報を手に、受験生たちをサポートするのが塾や予備校の役割だと考えてください。勉強方法や入試傾向の分析、目標設定などは塾や予備校に任せて、子どもの親として皆さんにできることを、よく考えてみてください。

ここでもう一度、Ｂ君のご両親の対応を振り返ってみましょう。

・子どもが勉強の話をしてきたら、聞き役に徹する
・専門的な領域はプロに任せる

いかがでしょう。勉強をするのは、子ども。受験に挑戦するのも子どもです。保護者は、親である自分にできることとできないことを選別し、できることの方に注力する方が、目標に向かって努力する子どもたちの大きな支えになると、僕

は考えます。

③　前向きである

学力の伸びが早い受験生の保護者は、前向きな考え方をすることができます。前向きな考え方とは、**悪い結果やできごとが起きた際に「悪い面」と「良い面」の両方に目を向けられること**です。

受験生にとって最悪の結果とは何でしょうか？　そうです、「どの大学にも合格しないこと」です。受験に関わる者として、生徒を合格させられなかったときほど悔しいことはありません。けれども、受験とは「合格」か「不合格」かの2つしかない世界です。グレーゾーンは存在しません。合格を勝ち取って喜ぶ生徒もいれば、不合格となって涙を飲む生徒もいます。厳しいですが、これが現実です。

「合格できなかった」という事実は、大きな挫折を経験したことのない10代の子どもたちに、深い傷を残します。また、受験生本人だけでなく、保護者も衝撃を受けるものです。中には、子どもの何倍もショックを受けてしまう方もいらっしゃいます。
受験生本人にとっては〝大きなバツ印〟と感じるようなできごとに直面したとき、保護者はどのような行動をとればよいのでしょうか。ここで、部活に一生懸命に取り組んできた受験生親子のエピソードをご紹介します。

C君は高校時代にサッカー部に所属し、レギュラーで活躍していました。高校のサッカー部というのはレベルが明確に分かれており、C君が通う学校は最上位クラスに位置していました。最上位クラスとは、年末年始に開催される「全国高校サッカー選手権」に出場するレベル。C君の言葉を借りるならば、〝ガチ（すごく真剣）〟な部活生だったのです。

とにかく部活一色の高校生活。まとまった勉強時間を確保することが難しい毎日です。そんな中でもC君は、わずかな隙間時間を見つけて勉強にも励んでいました。

C君は「せっかく熱心に取り組んできたのだから」とAO入試を視野に入れ、サッカーを活かした受験に挑戦することにします。AO入試は三次試験まであり、一次と二次は「人物評価試験」、最後の三次試験が「学力試験」です。学力試験は、センター試験において4科目で80％を得点することが合格の条件でした。

12月に部活を引退したC君は、そこからがむしゃらに勉強します。一次・二次の人物評価試験は見事突破。しかし、最後の学力試験における自己採点結果は65％で、残念ながら合格ラインには及びませんでした。C君の最後の追い込みはかなりのもので、学力はぐんぐん伸びていました。本人も周りも「何とかいけるのでは？」という期待を抱いており、それだけに、本当に悔しい思いをしたと思います。

不合格通知を受け取ってから1週間後、C君は僕のところを訪れ、次のように話してくれました。

C君：先生、不合格でした。めっちゃ悔しいけど、もう1年頑張ることにします。これからもよろしくお願いします。
僕：残念だったね。親御さんは認めてくれているの？
C君：はい、応援してくれました。親からは、『一生懸命がんばっていたし、期待できそうな状況だったから、私たちも悔しい。けれども、このままストレートに受かったら、大学に入ってから苦労するかもしれないとも思っていた。結果は本当に残念だけど、勉強しかしない1年間は初めての経験だから、ここから学べることがたくさんあると思う』と言われました。

僕：素敵なご両親だね。それを聞いて、C君はどう思った？

C君：確かにそうだな、と思いました。一日中勉強するなんて、初めてです！けっこう楽しみにしています。

この会話をしたとき、「なんて素敵なご家族だろう！」と感動したことを覚えています。

確かに、高卒生（浪人生）になるということは、同級生より大学進学が遅れるという負の側面があるのも事実です。しかしC君のご家庭では、悪い面とは別の角度からも物事を捉えている点が、僕はすばらしいと感じました。

「不合格だった」という悪い結果を受け止める。そのうえで、「浪人生になって得られることは何だろう?」と、別の視点からも結果を見つめることができる。このバランスの良さが**前向きに考えられること**だと、僕は考えています。

一方、合格が遠のいてしまう生徒の保護者は、悪い結果だけに意識が集中してしまう傾向があります。


「部活ばかりして、勉強しないでどうするつもり?」

「なんでこんなところでケアレスミスしたの?」

「こんな点数で合格できると思ってるの?」


悪い結果になってしまったときは、誰しも良い気持ちにはなりません。当然、子ども自身も悔しいし、不安にもなります。そして「ちゃんと勉強しなければ!」という自覚も芽生えるものです。でもそのようなときに、親から「なんでできないの?」と問い詰められると、せっかく出てきたやる気も引っ込んでしまいます。

結果が悪くて落ち込んでいるときほど、「きっと課題があるってことだよね。ここが伸びしろだね」と親から前向きな言葉を掛けてもらえると、心強く感じるものではないでしょうか。悪い結果を責めたり、むやみに原因探しをしたりするのではなく、そこから先に、結果から得られる成長はないかと目を向けてみてください。

合格する受験生の親の共通点

1. 子どもを信じている
2. 自分たちにできることをしている
3. 前向きである

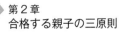

4 親は子どもの「安全地帯」

僕は予備校講師として、日々10代後半の子どもたちと接しています。話していると、彼・彼女らは、子どもと大人の境界線にいることがよくわかります。「子どもらしいな」とほほ笑ましく思える発言をしたと思えば、急に大人びた表情をするときもあります。

保護者の皆さんの中には、この「子どもとも、大人ともいえない」あいまいな領域にいるお子さんとのコミュニケーションに、苦心されている方もいらっしゃるのではないでしょうか。「小さいときは親の言うことを聞いてくれましたが、今ではさっぱり……」と、ため息交じりに悩みを打ち明けられる保護者も、少なくありません。

受験生の多くは、勉強について家族から干渉されることを嫌います。「勉強したの？」「塾はどうだった？」「テストの結果を見せて」などの親からの声掛けをわずらわしく思う生徒は多いのです。

もちろん、親から何を言われても平気な生徒、親とのコミュニケーションに悩みのない生徒もいます。しかし、僕のところに相談しにくる生徒の多くは「親に勉強のことについて干渉されるのが、本当にイヤ！」と顔をしかめます。これは、成績の良し悪しは関係ありません。

一方、保護者の心配も非常に理解できます。大切なお子さんの人生がかかっているので、気にかからないわけがありません。受験生の親としての、当然の心理でしょう。

でも、少し想像してみてください。例えば、親が子どもに「勉強したの？」と聞くことは、子どもが親に「仕事してるの？」と聞くのと同じ状況です。もしくは、親が子どもに「数学ができてないじゃない」と言うのは、子どもが親に「家事ができてないじゃん」と言うようなものです。

皆さんは自分の子どもから「仕事してるの？」や「家事ができてないじゃん」と言われたらどう思いますか？　僕だったらカチンときます。家族の健康を思って食事の支度をしたり、家族の生活のために必死に仕事に励んでいるのに、子どもからそんなことを言われたら、たまりませんよね。

子どもは毎日学校に通っています。つまり、毎日少なからず勉強をしています（「内容が伴っていない」というご意見は、ここでは横に置かせていただきますね）。勉強以外にも、学校行事や部活、委員会など、子どもは子どもなりに、彼らの社会で日々奮闘しているのです。「勉強したの？」と言いそうになったら、子どもの立場に立って、その言葉をぐっと飲み込んでみてください。

そして、もう一つ。受験生は勉強に対して大きなストレスを感じているということを、どうかご理解ください。勉強は「できないことを見つけ、できるようにする」という過程の繰り返しです。受験生は、日々「できない自分」と向き合っています。

誰しも「できる自分」でありたいものです。できない自分と向き合うことほど、心に負担がかかるものはありません。それでも、できない自分、つまり「見たくない自分」と真正面から向き合いながら、受験勉強に取り組んでいるのです。

いつになったらできない自分から脱出できるのか、本当にできる自分に変われるのか——子どもたちは「**心の中のモヤモヤを、誰かに聞いてほしい**」と願っていらぐことでしょう。ます。そんなとき、信頼する親に心の内を思う存分話せたら、どんなに心が安らぐことでしょう。

続く第3章以降では、ここまでに説明した〈**合格する受験生の親**〉になるための、具体的なメソッドを紹介していきます。〈**合格する受験生の親**〉を土台として支えるのは、皆さんのお子さんに対する愛情と、親子の信頼関係です。親とのコミュニケーションで悩んでいる生徒は、葛藤を素直に伝える相手がいなくて行き詰っている印象を受けます。保護者の皆さんには、ぜひ、子どもの心が安らぐ場所、〈**安全地帯**〉となってくださることを願います。

第3章

「親から変わる」が一番の近道

1 合格する親子の共通項

前章では**合格する受験生**と**合格する受験生の親**のそれぞれの共通点をお伝えしてきました。お気づきの方もいらっしゃると思いますが、実は、受験生と親のどちらにも存在する共通項があります。それは〈**前向きである**〉ということです。

この**前向きである**という要素は、本書の中で**最も重要なポイント**です。

① 前向きさの効用

プラス思考、ポジティブシンキングなどの言葉で言い換えられることもありますが、前向きに考えることの重要性や効果は、広く認知されてきたといえるでしょう。けれども実際には、感覚的に理解している方が多く、生活の中で実践している方は少ないというのが、僕の印象です。

特に、日々生徒たちと向き合っていると、後ろ向きに考えている子どもが多いと感じます。何気ない話をしているときにも、「自分なんて」「頭が悪いから」など、自分の価値を下げる言葉を無意識に発しているのです。

古い日本の評価スタイルは減点方式。100点満点から、誤りや失敗などの要素を差し引いていく方法です。こうした環境で育ってきた子どもたちが、自然とそのような考え方になるのは致し方ないことなのかもしれません。しかし、この**後ろ向き思考は目標達成を邪魔する存在**です。特に、受験のようにチャンスが限られている目標の場合は、大きく影響を及ぼします。

では、どうして後ろ向き思考は望まない結果を呼び寄せてしまうのでしょうか。それは、僕たちの脳の機能が関連しているからです。

僕たちの脳には、検索エンジンのようなものが搭載されています。Googleをイメージするとわかりやすいかもしれません。以降、〈**脳内グーグル**〉と呼びましょう。

例えば、夏の暑い日に「アイスクリームを食べたいな」と思ったとします。す

アイス　食べる	検索

ると、脳内グーグルには「アイス　食べる」のように入力されます。そして、脳が検索ボタンを押すと、検索結果が僕たちの脳裏に浮かびます。

よくコンビニで購入するお気に入りのアイス、SNSで友達が紹介しているのを見て「食べてみたいな」と思ったアイス、旅先で食べておいしかったアイス、幼いころにお母さんが作ってくれたアイスキャンディー……。実際に、「Google の検索窓に「アイス　食べる」と入れたときと同様、たくさんのアイスクリームの画像が表示されるのです。

そして脳は、この検索結果の中から次に行動させることを選び、僕たちを動かします。アイスクリームの例でいうならば「いつものコンビニに買いに行こう」とか、「お母さんに久しぶりにアイスキャンディーを作ってもらおう」とか、次にとる行動を脳が選択するのです。一説によると、脳は、1日に5～10万回ほど、こうした行動選択をしているとされています。

さて、後ろ向き思考の人は、どのようにして行動が決められているのでしょうか。先ほどの脳内グーグルで検索するところから考えてみましょう。

「私は勉強ができない」と考える
↓
脳内グーグルで「勉強　できない」が検索される
↓
「勉強　できない」の検索結果が表示される
↓
脳が選択した結果を行動する

ここで、試しにGoogleで「勉強　できない」を検索してみてください。主に次のような検索結果が表示されると思います。

・勉強ができない人の特徴

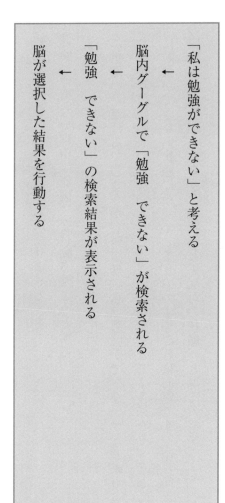

・勉強ができない理由

脳内グーグルの検索結果も同様です。したがって、脳が僕たちに指示する行動内容は次のようになります。

・勉強ができない人の特徴を実践させようとする
・勉強ができない理由（原因）を行動させようとする

ご想像いただけるでしょうか。つまり「私は勉強ができない」と考えることにより、実際に勉強ができない人がとっている行動をとるようになり、そして、本当に勉強ができない状態になってしまうのです。これは衝撃です。後ろ向き思考の口癖が、自分が本来なりたい状態と正反対の状態へと導くのです。

第2章では、受験生と保護者の両者に対して＜**前向きである**＞ということについて、説明をしました。前向きであるとは、**事実を一旦受け止め、なりたい状**

態になるために何ができるかを考えられることです。

生徒と会話をすると、彼らが口にする言葉で、前向きか後ろ向きかが判断できます。前向きな生徒が発する言葉には、共通した傾向があります。そして彼らの頭の中では、その言葉を受けて脳内グーグルが検索し、行動をとらせていることでしょう。


「どうしたら勉強ができるようになりますか？」

↓「勉強　できるようになるには」を検索

「私は○○大学に合格したいです」

↓「○○大学　合格」を検索

「まずは、やってみます！」

↓「まず　やる」を検索

こうした前向きな発言からは、自然と**できるようになるための検索結果**が導き出されます。そして、その検索結果をもとに次のアクションが選択され、実際の行動へとつながっていくため、知らず知らずのうちになりたい状態、めざしたい姿に近づいていくのです。

② まずは保護者が「前向き」になる

前向きであることが、受験合格のためにとても重要であることをご理解いただけたと思います。そうは言っても、簡単には変われないのが人間です。子どもに「前向きに考えようよ！」と声を掛けたらすぐに前向きに変身するならば、苦労はしませんよね。

では、具体的にどうすればよいのでしょうか。それは、**親自身が変わる**のです。子どもに「変わってほしい」と願うならば、まずは親が変わった姿を見せましょう。「変わるべきは子どもなのに？」と疑問を覚えるかもしれませんが、実はこの方法が一番の近道なのです。

ここで、お子さんの性質について、ちょっと考えを巡らせてください。お子さんは、竹で割ったような素直でさっぱりした性格ですか？　すぐに誰とでも仲良くなれる社交性がありますか？　石橋を叩いて渡るような慎重派でしょうか？

また、お子さんが毎日の生活の中で無意識に行っているような癖や習慣はありませんか？　例えば、靴をきちんとそろえて脱ぐとか、寝起きで不機嫌でも必ず「おはよう」と言うとか、お小遣いを計画的に使わずに衝動買いで消費しがちだとか、いろいろ思い浮かぶのではないでしょうか。

こうして改めて見ると、「うちの子は自分とは全然タイプが違う」とか「私なら、あんな行動はとらない」などと思う方もいるかもしれません。しかし、子どもの考え方や行動習慣、価値観などは、親を真似して作られています。

「親の背を見て子は育つ」ということわざがあります。「子は、親の振る舞いや行いを見て、それを当たり前のこととして認識し、自分の常識にしていく」という意味です。つまり、**子どもたちは親の行動を無意識のうちにコピーし続けているのです。**

これを科学的に裏付ける話があります。〈ミラーニューロン〉という言葉をご存じでしょうか？　これは脳の機能の一つであり、簡単にいうと**他者を真似する能力**です。人間であれば誰でも備えている機能です。ウィキペディアで解説されている、より詳しい情報を見てみましょう。

【ミラーニューロン】

ミラーニューロン（英：Mirror neuron）とは、霊長類などの高等動物の脳内で、自ら行動する時と、他の個体が行動するのを見ている状態の両方で、活動電位を発生させる神経細胞である。

他の個体の行動を見て、まるで自身が同じ行動をとっているかのように〝鏡〟のような反応をすることから名付けられた。他人がしていることを見て、我がことのように感じる共感（エンパシー）能力を司っていると考えられている。

このようなニューロンは、マカクザルで直接観察され、ヒトやいくつかの鳥類において、その存在が信じられている。ヒトにおいては、前運動野と下頭頂葉においてミラーニューロンと一致した脳の活動が観測さ

れている。　　　　　　　　　　　　（Wikipediaより引用）

人間の脳には、自分以外の誰かの行動を真似する細胞があります。子どもは、このミラーニューロンの仕組みを使いながら成長し、自分を作っていきます。では、子どもは誰の真似をすることが多いのでしょうか。そう、「**親**」です。子どもと一緒にいる時間が最も長いのが、親だからです。

さらに、真似する機能は**無意識の状態**でも行われています。つまり、良い行動も悪い行動も、意図せず全てコピーされているということです。「子は親を映す鏡」という言葉もありますが、まさしくその通り。まるで自分の行動を鏡に写しているかのように、子どもは親を真似ていくのです。

自分たち親の良い点はどんどん真似してほしいと思いますが、好ましくない行動まで勝手にコピーされていると思うと、なんだかぞっとしますね。しかし、「親の行動を無意識にコピーしている」というこの機能を逆手にとってみましょう。つまり、子どもに「こうしてほしい」と思う行動を親がとることで、子どもに変化を促すのです。

子どもたちは、親などの関係性が近い人から指摘をされるのをとても嫌がります。「もっと勉強しなさい」や「早く寝なさい」などと言うと、子どもは強く反発する傾向があることを、保護者の皆さんもよくご存じではないでしょうか。

そこで、口先で注意するのではなく、行動で示すのです。「子どもに勉強してもらいたい」と思うのであれば、保護者自身が勉強に取り組みましょう。英検やTOEICなどの語学や資格取得などの勉強をはじめ、仕事や趣味に役立つ本を読むことでもよいと思います。「子どもに早寝早起きをしてほしい」と考えるのであれば、まずは保護者が生活習慣を改めましょう。例えば毎朝6時に起きて、夜は23時に寝る姿を子どもに見せてください。

そして「子どもに前向きに考えらえるようになってほしい」と願うのであれば、まずは、親である皆さんが前向きに変わることが特効薬になります。「私なんて」や「どうせ○○だから」といった思考は、子どもに真似されるのを避けなければなりません。

また、子どもに対する声掛けを意図的に前向きなものに変えてみてください。「あなたは化学が苦手だから」とか「どうせ○○大学は狙えないから」といった後ろ向き、否定的な言葉は厳禁です。事実は事実として受け止め、目標達成のために何ができるかを考えていきましょう。

2 思い込みを一時停止する

ここまで「**子どもの前向き思考を育てるためには、まずは親自身が前向きに変わる**」ということをお伝えしました。続いて、保護者の皆さんが前向き思考を手に入れるために、具体的に何をすればよいのかをご紹介しましょう。

僕は「勉強ができる自分に変わりたい！」と思う生徒に対して、変われるためのアドバイスをしています。ところが「それは先生だからできるんですよ」「自分には無理です」「先生とは能力が違うので」といった言葉が返ってくるケースもあります。

これは、「自分にはできない」という**思い込みの壁**です。特段珍しいことではありません。「変わりたい」と願い、変わるために行動に移そうとしたとき、人は、この壁にぶつかるのです。皆さんにも、思い当たることはありませんか？

これから前向きな自分へ変わっていく保護者の皆さんに、大切にしてほしいことが一つあります。それは〈**エポケーする**〉ということです。皆さんの頭の中が「？」となった様子が目に浮かびますが、安心してください。怪しい用語ではありません。

「**エポケー**」とは古代ギリシア語で、元々は「停止、中断、中止」を表す言葉です。西洋哲学においてエポケーはいくつかの意味を持っていますが、ここでは、オーストリアの数学者・哲学者であるE・フッサールが現代版にアレンジした解釈をご紹介しましょう。

【エポケー】
我々が当たり前だと考えている認識・判断を、いったんカッコに入れる（思い込みを一時停止してみる）。

例えば「健康のためにランニングをしよう」とか「転職しよう」など、何か新しいことにチャレンジしようと考えたとします。しかしその直後に「運動嫌いの自分に続けられるわけがない」「もうすぐ50歳だし、転職先が見つかるはずがない」など、誰しも「自分にはできない」という思い込みを少なからず持ちます。この**「できない」という思い込みをいったん保留する**のが、エポケーなのです。

先述したように、僕たちは**脳内グーグル**に入力したキーワードをもとに行動しています。「できない」と思った瞬間、検索ウィンドウには「変わる　できない」というキーワードが入り、変化しないための検索結果が表示されます。その検索結果に基づいて行動した結果は、当然「変わらなかった」です。

ですから、脳の検索エンジンに「できない」というキーワードが入ることを防ぎたいのです。そのために必要となるのが〈**エポケー**〉した状態、すなわち**思い込みの一時停止**です。「私には続けられない」とか「自分に転職は無理だ」と思いそうになったら、思考をいったん停止。頭に浮かんだ「できない」という認識や判断を保留にし、「とりあえずやってみよう!」という方向へと持って行きましょう。

3 自分の「トリセツ」を作る

電化製品を買うと、製品の使い方が詳細に書かれている取扱説明書が付いてきます。ここでは、皆さんにご自身の取扱説明書、すなわち〈**トリセツ**〉を作ってもらいます。

① 自分のことは自分が一番知っている？

自分を変えるために必要なことは何でしょうか？　それは「自分を知る」ことです。生まれてこのかた数十年、ご自身との付き合いは誰よりも長く、「自分のことは自分が一番よく知ってる」と思われているかもしれません。でも、本当にそうでしょうか？

ではここで、自分自身について、次の質問に答えてみてください。

Q. ご自身のことについて、お答えください。

・好きなことは何ですか?
・嫌いなことは何ですか?
・得意なことは何ですか?
・苦手なことは何ですか?
・考え方にはどのような特徴がありますか?
・よくとる行動パターンを3つ挙げてください。

いかがでしたか? すらすらと答えられましたか? 言葉に詰まってしまう部分もあったのではないでしょうか。

安心してください。僕たちの多くは、こうした自分への質問にうまく答えられないものです。これらの質問は「僕たちは、意外と自分のことをよくわかっていない」ということに気づいてもらいたく、問いかけたものです。

これから皆さんには、自分を変えていく方法を実践していただくことになりま

STEP 1　自分のことをよく知る

↓

STEP 2　自分をコントロールしていく

す。自分を変えるためには、「**自分のことをよく知ったうえで、自分をコントロールする**」というステップを踏むことになります。

第一段階として、まずは自分自身のことをよく理解しなければなりません。では、自分への理解を深めるためには、どのようにすればよいのでしょうか。

② 日報を書こう！

自分を知るということは、「**自分を客観的に見ることができている状態**」のことです。ゲームのキャラクターである自分を、もう一人の自分がコントローラーを使って自由自在に動かすことができている状態をイメージしていただくとよいかもしれません。

しかし、人間は〈**感情**〉の生き物です。常に理性が頭を支配して冷静な判断を下しているわけではなく、その時々の感情により衝動的に動いてしまうことも多々あります。感情的になっている自分を客観的に眺めるのは、なかなか難しいものです。

では、客観的に自分を見るためには、何を実践すればよいのでしょうか。それは、第三者にもわかるような自分の取扱説明書を作ることです。しかし、いきなりトリセツを作るといっても、うまくイメージできないでしょう。そこで、トリセツを作るための前段階として実践してほしいのが、＜**日報を書く**＞ことです。日報とは、文字のとおり**毎日の報告書**です。保護者の皆さんに、**毎日、自分の報告書を書いてほしい**のです。

「日報と日記は別のものですか？」「日記でも構いませんか？」という質問を受けることがありますが、僕は日記よりも日報を強くお勧めします。日記は自分のために書くものです。自分だけのものの見方に偏ってしまいます。

一方、日報を含む報告書というのは、**誰かに読んでもらうために書くもの**です。そのため、日報では、自分を自分から少し遠ざけて、外側から観察することが求められます。つまり、自分を第三者の視点で見るのです。

日報を書くことでめざしたいのは、「**自分を知る＝自分を客観的に見ることが**

できるようになる」ことです。この目的を忘れずに、次の視点を参考にしながら日報を書いてください。

前向きな考え方ができるようになるための視点

①意識して行動できたこと
②感じた課題
③（②が）できるようになるためにすること

「報告書なんて書いたことがないし、難しそう……」と感じる方もいると思います。日報の内容には、正解も不正解もありません。日報を書く行動そのものに意味があるのです。まずは、書いてみることから始めてみましょう。書き続けることによって、自分のトリセツ作りへとつながっていくのです。

〔日報の書き方例〕

①：意識して行動できたこと
②：感じた課題
③：（②が）できるようになるためにすること

9月1日
①娘がダラダラしていたけれど、強い口調で怒らなかった。
②強い口調ではないものの、少しトゲトゲしい雰囲気を出してしまった。
③キツいことを言いそうになったら、その場でいったん感情を停止させよう。

9月2日
①娘のお弁当を作り忘れてしまったが、「暑い日はお弁当よりコンビニご飯の方が安全かもしれない」とプラスの面にも目を向けることができた。
②「なんでお弁当が必要だと教えてくれなかったの!?」と娘を責めてしまった。
③まずは自分が怒っていることを自覚し、次の言葉を発するまで少し待つ。それから「こうしてほしかった」と伝えよう。

9月3日
①買ったままにしていた本を読み始めることができた。
②難しいことが書かれていると、読みたくなくなる。飽きてしまう。
③難しいところはいったん飛ばして、先に進もう。

③ 自分のトリセツを作る

日報を書き続けて3週間ほどしたら、自分の取扱説明書（トリセツ）作りに取り掛かりましょう。自分のトリセツを作ることで、「本当の自分」に気づくことができます。本当の自分とは、自分の内なる感情ともいえるものです。本当の自分を理解することで、自分をコントロールできる状態を整えていきます。

例えば、あなたは家事も仕事も完璧にこなし、家族や友人から「本当に働きものだね」と評価されているとします。そんな毎日が当たり前になっていると、それが「本当の自分」の姿のように思えてきます。しかし、自分でも気づいていなかったけれど、実は動くことが大嫌いで、できることなら一日中ゴロゴロして過ごしたい、というのが「本当の自分」なのかもしれません。

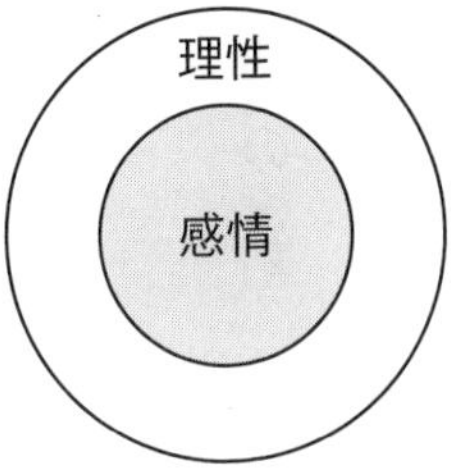

僕たちの脳は、「理性」と「感情」の2層構造になっています。卵をイメージしていただくとわかりやすいかと思いますが、中心の黄身の部分が「感情」、それを取り巻く白身の部分が「理性」です。

第6章で詳しくお伝えしますが、感情と理性は、それぞれ次のような役割を持っています。

感情の役割

・快／不快
・好き／嫌い
・やりたい／やりたくない　など

理性の役割

・思考
・判断
・意思決定　など

すなわち、「感情＝本能」「理性＝頭」と言い換えることができます。自分という一人の人間の中に存在しているものの、感情と理性は、いわば別人同士であり、好きなこと、得意とすることがそれぞれ異なります。

しかしながら、忙しい現代に生きる僕たちは、感情を無視して「理性優位」で生活をしています。「眠いから仕事を休みたい」とか「毎日スイーツだけ食べて過ごしたい」といった本能の欲求を感じても、多くの方は「でも、今日は大切な打ち合わせがあるから出勤しなくちゃ」「スイーツだけだと太るし、栄養不足になってしまう」などと考え、本能の欲求を退けてしまうのではないでしょうか。

こうした理性優位の生活は、理性と感情が一体化しているような状態です。これでは、自分の心の声である「感情」の好きなこと、嫌いなことを理解できません。つまり、「本当の自分」に気づくことは難しいといえます。

自分をコントロールするとは、**「理性」が「本能」と上手く付き合っている状態**のことです。どちらかに偏りすぎているのは「上手く付き合っている」とはいえず、上手く付き合うためには、まずは本能のことをよく知る必要があります。

さて、ここで種明かしをすると、前項で取り組んでいただいた「日報を書く」は、理性（頭）と感情（本能）を切り離すためのワークでした。3週間ほど続けると、

「もう一人の自分」ともいえる自分の感情が、少しずつ見えてきたのではないでしょうか。この状態になって初めて、「本当の自分」を知る準備が整うのです。

自分はどのようなことに喜びを覚え、どのようなことで感情を乱し、そして、どのような相手を苦手とするのか。日報を書き、「本当の自分」がぼんやりと姿を現してきたところで、それをまとめてデータベース化していくのがトリセツの役割です。

自分のトリセツとは、「感情（本能）のプロフィール」ともいえるものです。自分の感情を目の当たりにして、多くの新鮮な発見が得られたのではないかと思います。そうした気づきを、ぜひ、トリセツに書き留め、「本当の自分」の輪郭を形作っていきましょう。自分のトリセツに、正解も不正解もありません。「自分にはこういう傾向があるんだな」と、気づいたことを素直に書き留め、気軽な気持ちで作ってみてください。

なお、トリセツは一度作ったら終わりではありません。新しい発見があったり、足りないことに気づいたりしたら、都度、更新していきましょう。第5章からは「前向き思考になるための3ステップ」に具体的に取り組んでいただきます。その際、トリセツ作りによって本当の自分を理解できていると、スムーズに進めることができます。

【自分のトリセツの作り方】

①記入用のシートを用意します。次ページをコピーするか、書き写して使用してください。

②シートの内容に沿って、空欄を埋めていきます。

自分の「トリセツ」作成シート

「ワクワク・嬉しい・楽しい」を感じる事・物・人は？

「苦手・嫌だ・怖い・不安」を感じる事・物・人は？

今、あなたが「やってみたい」「始めてみたい」ことは？

今、あなたが「不安だ」「怖い」と思っていることは？

自分の「トリセツ」記入例

「ワクワク・嬉しい・楽しい」を感じる事・物・人は？

美味しいものを食べているときが幸せ。
子どもとたわいもない話をするのが楽しい。
キラキラしたものに惹かれる。芸能人の○○さんが好き。

「苦手・嫌だ・怖い・不安」を感じる事・物・人は？

強い口調の人が苦手。
集団行動が嫌い。
老後の生活と、健康（病気）に不安を感じる。

今、あなたが「やってみたい」「始めてみたい」ことは？

ヨガを始めたい。身体がすっきりしそう。
世界一周旅行に行きたい。ヨーロッパを巡り歩きたい。
一日中、家事をしないでゴロゴロと寝て過ごしたい。

今、あなたが「不安だ」「怖い」と思うことは？

子どもの将来が気にかかる。受験に失敗しなければいいけれど。
老後資金は年金だけで足りるのか、不安。
親の介護が心配。今は元気だけど、数年後はわからない。

第4章
前向き思考にシフトする3ステップ

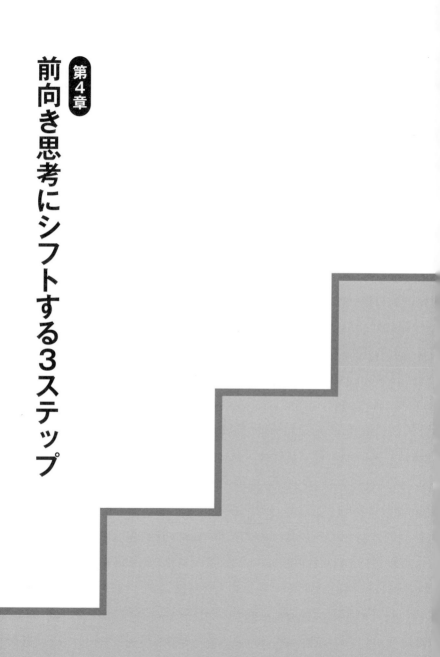

1 「3ステップ」とは

ここまで、前向き思考の重要性を理解いただき、前向き思考になるための準備に取り組んでもらいました。第4章からは、前向き思考になるための具体的なメソッドをご紹介していきます。

前向き思考に変わるためには、これからご紹介する3つのステップを踏んでいただく必要があります。最初に、皆さんに大事なことをお伝えしておきます。3ステップを実践するにあたり、次の2点に気を付けてください。

① 一気に全部やろうとしない

② 継続する

日本人の気質なのか「言われたことは全部やらなければならない」と思ってしまう方が多いようです。しかし、ここでご紹介する3ステップは、一度に全部取り組む必要はありません。また、どのステップから始めても構いません。「毎日、何か一つは続ける」と意識して、コツコツと、継続して取り組んでいきましょう。

例えば、テストでいきなり100点をめざすのは難しいものです。「100点を取る！」と意気込んで取り組んでみたものの、50点しか取れない状況が続くと、つらくなってきますよね。挑戦をあきらめたくなってしまうかもしれません。目標と現状の距離が大きすぎると、途中で息切れしてしまいます。「まずは50点を目標に」「次は70点を取ろう」と、小さな山を一つずつ攻略し続けることが、最終目標へとつながっていくのです。決してあきらめず、続けた先に見えてくる目標を信じて取り組んでください。

では、前向き思考にシフトするための3ステップをご紹介しましょう。各ステップの詳細は次章以降でお伝えしますが、ここではそれぞれの概要を、簡単に説明していきます。

前向き思考にシフトする3ステップ
ステップ1：自分に許可を出す
ステップ2：感情のハンドルを握る
ステップ3：正しいコミュニケーション方法を知る

①　ステップ1：自分に許可を出す

前向きに考えることが難しい人は、**物事のマイナス面ばかり見る傾向**があります。例えば、皆さんはこのように思うことはありませんか。

・周りの家は裕福なのに、自分の家は貧しい
・あの人は綺麗なのに、自分はみすぼらしい
・お友達の○○ちゃんは優秀なのに、うちの子は勉強ができない
・友人の旦那さんは育児に協力的なのに、うちの夫は無関心だ

どこかで聞いたことがあるような愚痴に思えるかもしれません。ポイントは、

他の人や周りの家庭と比べて、自分のマイナス面にばかり目が行っている状態です。

ここで再び＜**前向き思考**＞を確認してみましょう。

【前向きに考える】
良くない結果やできごとが起きたときに、「悪い面」を受け入れつつ、「良い面」にも目を向けられる

大事なことは、**悪い面を受け入れつつ、良い面にも目を向ける**こと。前向き思考を手に入れるには、マイナス面ばかりに注目するのではなく、プラスの面も見つけ、そこにも目を向ける必要があります。

ステップ1で確認いただく＜**自分に許可を出す**＞とは、具体的には**自分ががんばっていることを見つけ、認める**という作業です。このステップはシンプルながら非常に大切な役割を担っており、家で例えるならば「**柱**」に当たる部分です。詳しくは第5章で説明しましょう。

② **ステップ2：感情のハンドルを握る**

僕たちは日々、いろいろな感情と向き合っています。良い感情もあれば悪い感情もあり、場面ごとにさまざまな感情に対峙していることと思います。特に＜**マイナスの感情**＞の出現は厄介なものです。

・早く出勤しなければならない朝に限って、子どもがなかなか起床しない

↓怒り

・部下が「報・連・相」を軽視しがちで、思い通りに動いてくれない

↓いらだち

・取り組み中のプロジェクトが、納期に間に合わないかもしれない

↓不安

・親切心から家事を手伝ったのに、かえって妻の怒りを買ってしまった

↓ **悲しみ**

マイナス感情のときに、自分が自分でなくなる感覚に陥ったことがある人も多いのではないでしょうか。こうしたときに〈**前向きに考える**〉のは、なかなか難しい状況です。

僕たちは感情を持つ人間なので、どうしても感情に支配された状態になることを避けられません。そのため、「マイナス感情に支配されない」のではなく、下降した気持ちを「**自分でいつもどおりに戻せる**」ことが、前向き思考になるための重要なポイントです。

第6章では、ステップ2「感情のハンドルを握る」、言い換えるならば「自分で自分の機嫌をとる」ための方法をお伝えします。

③ ステップ3：正しいコミュニケーション方法を知る

皆さんは、お子さんとどのようにコミュニケーションをとっていますか？ 子どもが誕生してから十数年、一緒に暮らし、毎日のように会話をしているにもかかわらず、日々成長していく子どもとのコミュニケーションは不確かで、なかなか正解が見つけにくいものだと思います。

実は、コミュニケーションには〈**正しさ**〉というものが存在します。ここでは、正しいコミュニケーション方法とは「**相手との関係性をスムーズに作れるもの**」と定義しておきましょう。ここで示す「相手」には、自分の子どもだけでなく、夫婦や職場の同僚、学校の先生、ママ友、ご近所さん、自身の親など、自分の周りのすべての人が含まれます。

さて、前向き思考に変わるために、なぜ、コミュニケーション方法を知る必要があるのでしょうか。それは、思考の前提となる環境を整えるためです。

人間の悩みを分類すると、大きく3つに分けられるとされます。それは「**お金**」「**健康**」「**人間関係**」です。これは、僕たちが人間としての営みを始めた時からあるとも言われており、僕たちの生活と切っても切り離せない存在です。それだけ、**人間関係に悩んでいる人は多い**のです。

第7章では、相手とスムーズにコミュニケーションをとる方法ご紹介します。前向きに考えられる環境づくりをしていきましょう。

2 どのステップを行うのが効果的か

ここまでに説明した3ステップの中で、気になったり、興味を引かれたものはありましたか？　本章の最初にお伝えしたとおり、3ステップの各メソッドは、どの順番で行っても構いません。同時並行で試してもいいし、もちろん、一気に取り組む必要もありません。

僕のお勧めは、各ステップを3カ月間ずつ行う方法です。つまり、ステップ1を3カ月実践したら、次はステップ2を3カ月……と取り組むと、効果が実感しやすいでしょう。気になるメソッドがあれば、ぜひ、それから始めてください。

ただし、どれかひとつは1カ月間続けてみてください。効果が表れるには、最低でも1カ月を要するからです。何から始めようかと迷う方のために、次のページにチェックシートを用意しましたので、ぜひご活用ください。

チェックシート

次のＡ～Ｃのそれぞれの項目を読み、
当てはまるものに✓を入れましょう。

〔A〕
□ 他人と比較することが多い
□ 親や指導者が厳しい環境で育ってきた
□ 人から褒められても素直に受け取れない
□「どうせ自分には無理」と思うことが多い
□ 自分にも厳しいが、他人にも厳しい
□ 親から褒められた記憶が少ない

〔B〕
□ 怒ると自分を忘れてしまうぐらい激情する
□ 落ち込むとしばらく元に戻れない
□ イライラすることが多い
□ 他人や制度のせいにすることがある
□ ストレスの発散方法がよくわからない
□ 感情的になり、人間関係でトラブルを起こしたことがある

〔C〕
□ 人間関係がうまくいかない
□ 自分が伝えたいことが伝わらないと感じる
□ 子どもから反発されることが多くなってきた
□ 褒めることが苦手だ
□ 相手が話したことを否定から入る癖がある
□「あの人は〇〇な人だ」と決めつけることがある

✓の数は、それぞれいくつでしたか？

A　　個	B　　個	C　　個

〈結果〉

A のチェックが多かった人

⇒　第５章「ステップ１：自分に許可を出す」へ

B のチェックが多かった人

⇒　第６章「ステップ２：感情のハンドルを握る」へ

C のチェックが多かった人

⇒　第７章「ステップ３：正しいコミュニケーション方法を知る」へ

3 継続することの重要性

改めて、3ステップを実践するにあたって、大事なことを確認しましょう。

① 一気に全部やろうとしない

② 継続する

＜前向き思考にシフトする3ステップ＞は、続けることで成果が表れます。思考を変えるということは、言い換えれば「**頭の中の筋肉を鍛える**」ようなものです。しかし、身体の筋トレもそうであるように、気まぐれに1、2回トレーニングをしたところで、思考は変わりません。また、一度に長時間のトレーニングを行っても、継続して行わない限り、身につきません。

人の細胞は、ターンオーバーを繰り返します。その周期は、胃の粘膜などは約3日、肌は約1カ月、血液は約3カ月とされています。脳は、1カ月で約40％の細胞が入れ替わると言われています。つまり3カ月トレーニングを続けることで思考の上書きができ、さらに1年継続すると、新しい思考が定着します。こうした科学的な観点からも、まずは1カ月、続けてみてほしいのです。頭の中の筋肉が育つには、最低でも1カ月を要します。

例えば、体重計に乗って体脂肪率が落ちたことを確認したり、鏡に映る自分の身体が1週間前よりも引き締まっていることが実感できたりすると、努力の成果が感じられて、励みになるものです。ところが、頭の中の筋肉は、腹筋や大胸筋などと違い、自分の目で確認できるものではありません。目に見えないことを続けていくのは、想像以上に困難が伴います。効果がわかりづらいからです。

そこで、皆さんが1カ月間3ステップを続けられるように、＜**継続の6段階**＞というものを作りました。これは、正しく実践した場合に「どの時期に、どのような成果が得られるか」をまとめたものです。いわば、**頭の中の筋肉の見える化**です。

人は、先が見えないことをするのを嫌がる性質を持っています。この**〈継続の6段階〉**を目安に、成果を実感しながら続けていただけたら嬉しいです。

〔継続の6段階〕

段階	期間	成果の感じ方
第1段階	3日間	本書を参考にしながら3ステップに取り組もうとしている状態。変化は何も感じられない。
第2段階	1週間	意識的に、集中して3ステップに取り組もうとしている状態。まだ変化は感じられない。
第3段階	3週間	取り組みが習慣化してくる状態。まだ変化は感じられない。 ※この段階で止めてしまう人が多いので要注意！
第4段階	1カ月	表面には出ないが、内面に変化が起き始めた状態。 ・以前は避けようとしていたことに、意識的に取り組めるようになっている ・自分の成長を探せるようになっている ・人の良いところに目を向けられるようになっている

第5段階	3カ月	変化の兆しが感じられる状態。 ・家族や友人などの身近な人から「がんばってるね」「表情がいきいきしている」などと言われる機会が増える ・やりたいことに積極的に取り組めるようになっている
第6段階	1年	自身の変化を完全に実感できるようになった状態。 ・朝起きることが楽しくなっている ・一日の終わりに「やりきった！」と思えるようになっている ・決めた目標を達成することが増えている

「本当かな？」「そんなに変わるものなの？」と半信半疑の方も多いと思います。まずは3日間、試してみてください。3日続いたら、次は1週間。なんとか3週間続いたら、そこで止めずにがんばって、1カ月続けていきましょう。

脳の性質上、成果が出るには最低でも1カ月は必要です。欲張りなことを言うならば、3カ月から1年間は続けていきたいところです。個人差はありますが、3カ月続けると、多くの方はある程度の成果を実感できるようになっていることでしょう。

さあ、お子さんの合格に向けて、最初の一歩を踏み出しましょう。大丈夫、ここまで読み進めることができている皆さんなら、やり遂げられます。一緒に変わっていきましょう！

第5章 ステップ1：自分に許可を出す

1 知識編：物事の良い面に目を向けるために

これまでもたびたび繰り返してきましたが、大切なことなので、改めて確認させてください。これからお伝えするメソッドは、＜**前向きに考える**＞ようになるためのメソッドです。

【前向きに考える】
良くない結果やできごとが起きたときに、「悪い面」を受け入れつつ、「良い面」にも目を向けられる

良い面にも目を向けられるようになるために、自分に許可を出せている状態になっていこうというのが、本章のメソッドです。「私でもできるのかな」「やっ

てみて変わらなかったらどうしようと不安に思ったときには〝あの言葉〟を思い出してください。すなわち、「**エポケー（一時停止する）**」です。

子どもたちも「僕（私）でも受かるかな」「勉強しても不合格になったらどうしよう」という不安を抱えています。それでも、今の努力が合格につながると信じて、一生懸命、前に進んでいます。保護者の皆さんも、「これから知るメソッドに取り組んだら、前向き思考に変化できる」と信じて、まずは実行してみてください。

さて、本章でご紹介する＜**自分に許可を出す**＞とは、どのような状態なのでしょうか。許可を出すことが、どのように前向きに思考につながっていくのでしょう。具体的なメソッドの紹介に先立ち、この点について学びを深めてください。理由や目的を正しく理解することで、メソッドの効果も倍増します。

まずは、次の質問に答えてください。

Q．直近1週間以内において、次に挙げる状態に当てはまることはありましたか。具体的に紙に書き出してみてください。（制限時間3分）

・がんばったこと
・「成長したな」と思うこと
・できるようになったこと
・できたこと

考えてくださり、ありがとうございます。いくつ思いつきましたか？

「たくさんあった！」という方、素晴らしいですね。すでに、自分に許可を出す習慣がついていると思います。もっと自分に許可を出せる方法を知って、無双の状態になっていきましょう。

「全然思いつかなかった……」という方、ご安心ください。大丈夫です。今は自分に許可を出す方法を知らないだけで、手段を身につけたら、自然と挙げられるようになります。

＜**許可を出す**＞というのは、**その日の自分の行動に対して、「よくがんばったね！」という「許可」を「自分で」出していく行為のこと**です。ではなぜ、自分に「よくがんばったね！」と許可を出すことで、物事の良い面に目を向けられるようになるのでしょうか。

これは、脳の仕組みによるものです。脳の仕組みの一つに、**「主語の判別がつかない」**というものがあります。「人の悪口を言うと自分に返ってくるから、悪口は言わない方がよい」という話を聞いたことはないでしょうか。この話は、脳の**主語を判別できない**という仕組みをベースにしたものです。

詳しい解説に入る前に、プロゴルファーのタイガー・ウッズ選手に関する有名なエピソードを紹介させてください。

全米アマチュア選手権3連覇という前人未到の記録を樹立し、世界中から注目されながらプロになったウッズ選手。最近はケガなどの影響で不調が続いているようですが、メジャー選手権で優勝15回、史上2人目のトリプルグランドスラム達成、生涯獲得賞金額は1億ドルを突破し歴代1位という、名プレーヤーです。

そのウッズ選手の全盛期の頃のことです。とあるトーナメントで優勝争いをしていた彼は、相手のライバル選手がパッティングするとき、心の中で「入れ!」と叫んだそうです。ライバルが外せば自身の優勝が決まるのだから、普通は「入るな!」と念じそうなところですよね。しかし、彼が願ったのは逆のことでした。

なぜウッズ選手は、相手のパッドを「入れ」と念じたのでしょう。これは推測ですが、「入るな」と考えた時点で、自分に対しても「入るな」と言っている状態であることを理解しているのではないでしょうか。すなわち、脳は主語を判別できないため、ライバルに対する「入るな」も、脳は、自身に対して「入るな」と言っていると誤解してしまうのです。

<**自分に許可を出す**>というメソッドは、この脳の仕組みを逆手に取ったものです。自分の行動に対して「よくがんばったね!」と許可を出すということは、自分のがんばり(良い面)に目を向けるところから始まります。僕たちの脳は主語や対象、つまり「自分」「他者」「できごと」を一緒のものとして認識している

自分に許可を出す
＝自分のがんばり（良い面）に目を向ける

↓

物事の良い面に目を向けることができる

↓

良くないことが起きても
悪い面・良い面の両方に目を向けられる

ため、それが「自分のがんばり」なのか「他者のがんばり」なのかを、判断することができません。そのため、自分に許可を出すことを習慣化させていくと、自分以外の物事に対しても許可を出せるようになっていく、すなわち、徐々に物事の良い面に目が向くようになっていくのです。

さて、ここまで読んで、「それって、〈**自分に許可を出す**〉でなくても、〈**他者に許可を出す**〉でも同じ結果を得られるんじゃない?」と思った方もいらっしゃるでしょう。

そのご意見は、確かに間違いではありません。本書で「**自分**」に許可を出すことから始めるのは、自身にとって、「**自分**」が最も身近な存在であることが、大きな理由です。身近な存在ほど、がんばり（良い面）にも気づけるものですよね。また、「他者に許可を出す」というのは脳に負荷のかかる行為であり、〈**自分に許可を出す**〉よりも、結果を手に入れるまで多くの時間を要してしまうのです。

2 実践編：許可が出せるようになる3メソッド

それでは、自分に許可を出せるようになるための具体的なメソッドをご紹介していきましょう。いつも無意識に行っていることでも、目的を持って意識的に取り組むと、違う結果が得られるものです。「こんなの、いつもやってることだから、あえて取り組む必要ない」などと思わず、まずは気軽に試してみてください。

許可が出せるようになる3メソッド

①がんばったことを見つける
②自分と会話する
③言葉をストックする

メソッド①「がんばったことを見つける」

いつ？	１日の終わりに
どうやって？	がんばったことを見つけて、記録する

メソッド①「がんばったことを見つける」

1日の終わりに、「**自分がその日にがんばったこと**」を見つけます。〈**がんばったこと**〉は、些細なこと、小さなことで大丈夫です。可能であれば、3つほど挙げてみてください。すぐに思いつかない場合も「今日はどんなことをがんばったかな？」とじっくり自分に問いかけてみてください。必ず見つかるはずです。

思い浮かんだ〈**がんばったこと**〉は、ノートや、スマホのメモ機能に記録します。その記録を見て、「今日もよくがんばったね！」と声を掛けて、自分をねぎらいます。これは、実際に声を出してもいいし、心の中でも唱えるだけでも構いません。

ポイントは**〈がんばったこと〉は、小さなことでもOK**ということです。「家中の大掃除をした」「大好きなビールを我慢した」といった、特別ながんばりである必要はありません。例えば「朝、いつも通りに起きることができた」「夕食を作ることができた」など、日ごろから行っているような些細なこと、普通のことでかまわないのです。

「そんなに当たり前なことを〈がんばった〉にしてよいの？」という皆さんの声が聞こえてきそうです。答えは「ＹＥＳ！」、大丈夫です。大切なことは、自分が「がんばったなぁ」と思えること。自分で「今日、自分はがんばったことがあったんだな」と実感できることが、何よりも大切なのです。僕は仕事に疲れて帰宅した日は、食事もせずに寝てしまいたくなることもあるため、「お箸を持ってご飯を食べることができた」も、がんばったことと捉えています。

ではここで、〝3がんばり〟を3年間続けている方からお借りした、実際のメモをご紹介しましょう。この方は、スマホのメモ機能にご自身の〈**がんばり**〉を記録しているそうです。がんばったことに〈**感情**〉を加えている点も、いいですね！〈**がんばったこと**〉を自分で実感しやすくなると思います。

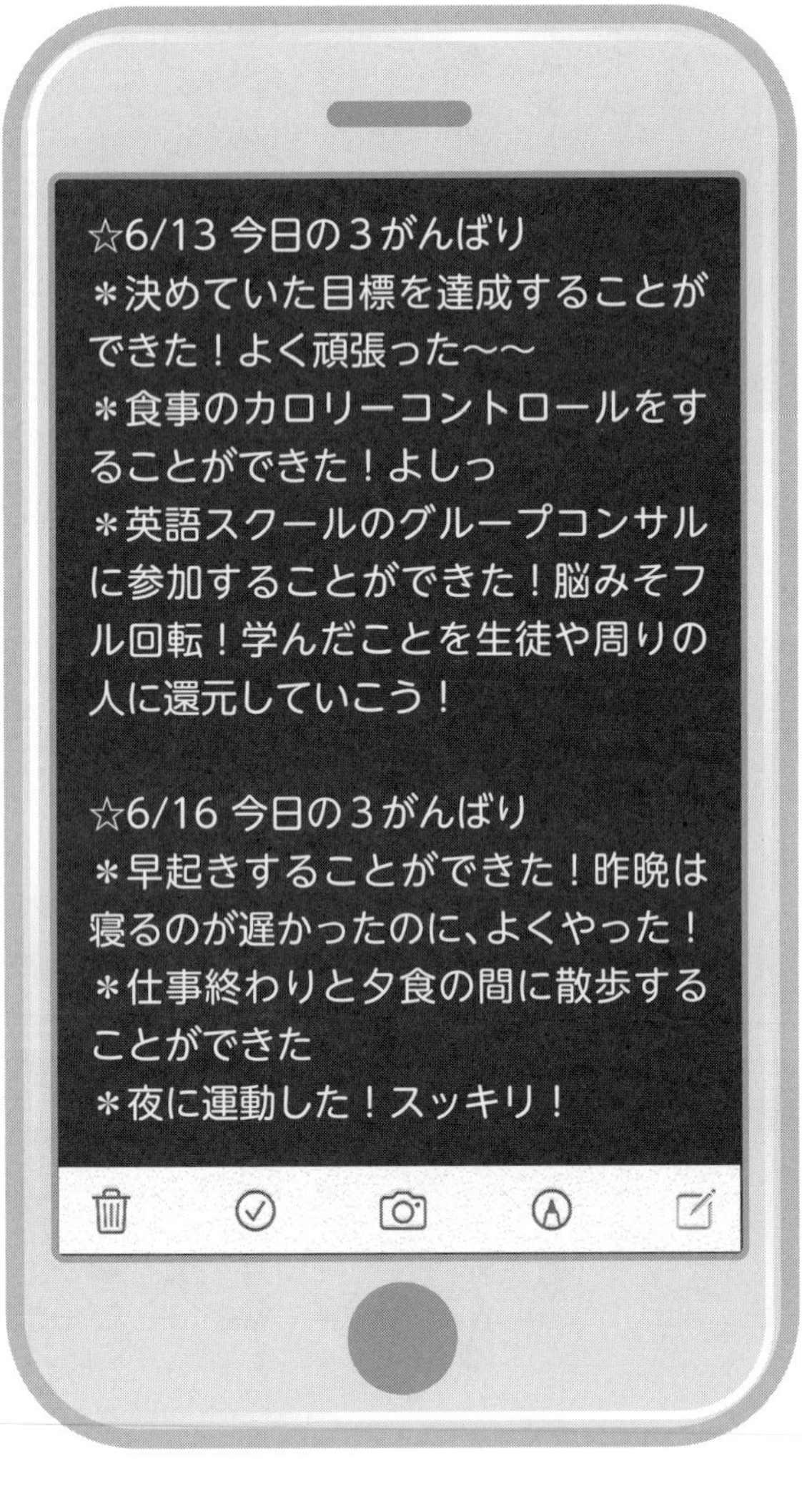
☆6/13 今日の3がんばり
＊決めていた目標を達成することができた！よく頑張った〜〜
＊食事のカロリーコントロールをすることができた！よしっ
＊英語スクールのグループコンサルに参加することができた！脳みそフル回転！学んだことを生徒や周りの人に還元していこう！
☆6/16 今日の3がんばり
＊早起きすることができた！昨晩は寝るのが遅かったのに、よくやった！
＊仕事終わりと夕食の間に散歩することができた
＊夜に運動した！スッキリ！

メソッド②「自分と会話する」

いつ？	・嬉しいことがあったとき ・「がんばった」と感じたとき
どうやって？	・「うれしかったね」「がんばったね」と自分に話し掛ける ・自分の声掛けに答える

メソッド②「自分と会話する」

嬉しいことがあったときや、「がんばったな」と感じたときに、自分で自分に「嬉しかったね」「がんばったね」と声を掛けます。それに対して「そうなの！ 今日は嬉しいことがあったの。○○が『ママの料理おいしい』って言ってくれたんだ」「今日は、スーパーでお買い得なお肉を見つけたから、めっちゃがんばって、ローストビーフを作ったんだ！」などと答えます。

声掛けは、実際に口に出してもいいですし、心の中で会話しても大丈夫です。ポイントは、独り言ではなく、**実際に誰かと話しているイメージで行うこと**。ペットやぬいぐるみなどに向かって話し掛けると、会話しやすいでしょう。会話が続くまで、もしくは自分が満足するまで、話を続けます。

自分と会話するというと、ちょっと不思議な行為に思えるかもしれませんが、実は、僕たちは1日に5～10万回くらい、自分と会話をしているのです。しかし、そのほとんどは無意識に行っているもので、意識できている部分は極めて少ないそうです。自分との会話を意識して行うことで、＜**自分の良い面**＞に気づきやすくなるという効果があります。

最初のうちは気恥ずかしいかもしれませんが、慣れてくると、「**話し上手&聞き上手な自分**」と話をするのが楽しくなってきます。ぜひ、挑戦してみてください。

（例）

・早起きしたから、お弁当のおかずを一品多く作れた！嬉しい！

・急に雨が降ってきて、テンション下がった～。でも、新しい傘を買えたから、すっかりご機嫌！

・時間をやりくりして、子どもの送り迎えができた！よくがんばったね、私。

・タフな仕事が多い一日だったけど、やり遂げたぞ。よしっ！

・職場でトラブルが発生……。逃げずに対処して、偉かったね。
・子どもと進路について話し合う時間が取れた。落ち着いて話すって、大切だなあ。

メソッド③「言葉をストックする」

これまでに挙げたメソッド①「がんばったことを見つける」、メソッド②「自分と会話する」ときに、意識してほしいことがあります。それは∧**前向きな言葉を使う**∨ということです。

僕たちは、本を読んだり、SNSや動画を見たりする中で「素敵な言い回しだな」とか、「元気づけられる言葉だな」といった表現に出会います。しかし、その瞬間は感銘を受けても、数時間経つと忘れてしまうものです。

そこで、メソッド③では、前向きな言葉、気に入った表現などをノートやスマホのメモ機能などに記録し、ストックしていきます。そして、自分への声掛けや会話などに積極的に取り入れて自分のものにし、いつでも前向きな言葉を使えるようにしていくのです。

メソッド③「言葉をストックする」

いつ？	都度
どうやって？	本やSNS、動画、映画などを見て「いいな！」と思った言葉を、ノートなどに書き留める

前向きな言葉の例

・はつらつとした笑顔
・愛情に満ちたしぐさ
・「答えは問いかけた先にある」
・「人には1日に70回も選択する場面がある」

〝言霊《ことだま》〟とも言うように、言葉には大きな力が宿ります。どのような言葉を使うかというのは、とても大切なことです。日々口にする言葉を変えるだけで、運命が変わるとさえ言われています。

最後に、マザー・テレサの有名な言葉を紹介させてください。弱音やネガティブな言葉を発しそうになったら、ぜひ、この言葉を思い出してください。

思考に気をつけなさい。それはいつか言葉になるから。
言葉に気をつけなさい。それはいつか行動になるから。
行動に気をつけなさい。それはいつか習慣になるから。
習慣に気をつけなさい。それはいつか性格になるから。
性格に気をつけなさい。それはいつか運命になるから。

3 ステップ1のまとめ

「自分に許可を出す」とは

その日の自分の行動に対して「よくがんばったね！」という「許可」を、自分で出していく行為のこと。

自分に許可を出すことで、次の効果が期待できる

自分に許可を出す
＝自分のがんばり（良い面）に目を向ける

←

物事の良い面に目を向けることができる

←

良くないことが起きても、
悪い面・良い面の両方に目を向けられる

許可が出せるようになる3メソッド

①がんばったことを見つける
↓1日の終わりにがんばったことを見つけ、記録する

②自分と会話する
↓うれしいこと、がんばったことがあったときに、自分と会話する

③言葉をストックする
↓前向きな言葉を記録し、自分への声掛けに取り入れる

第6章
ステップ2：感情のハンドルを握る

1 知識編：人は感情に動かされている

①　感情と日常

僕たち人間には、喜怒哀楽と呼ばれる感情があります。一日の中だけでも、実にさまざまな感情と対面しているのではないでしょうか。

・嬉しい
・楽しい
・イライラ
・悲しい
・憎い

脳機能の３層構造

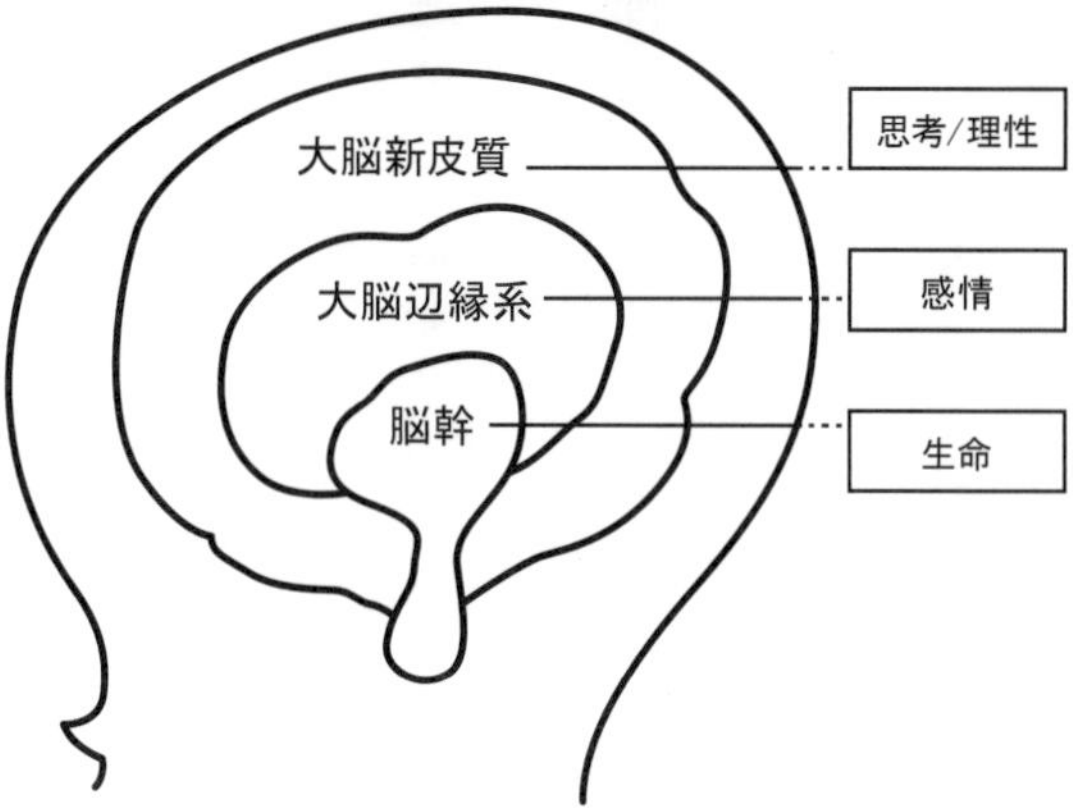

僕たちがとる行動のほとんどは、こうした＜**感情**＞が決めています。「私はちゃんと頭で判断して動いている」と思われる方もいらっしゃるでしょう。しかし実際には、感情が物事を決めた後に、理性と言われる部分が理屈を探して、行動を正当化しているのです。

詳しく説明するために、頭の中（脳内）の構造を確認していきましょう。僕たちの頭の中は、大きく3層構造になっています。

大脳辺縁系は「**感情**」を司り、私たちを動かしています。一方、大脳新皮質は「**理性**」の役割を担い、感情が暴走しないように常にコントロールしている存在です。「**感情**」は子ども、「**理性**」は大人のようなイメージですね。

理性が抑制しているとはいえ、僕たちは感情に振り回されることが多々あります。ここで、ダイエットを例に挙げて、頭の中を確認してみましょう。

「ダイエットをしようと思っているのに、お菓子を食べてしまう」状態

感情：お菓子食べたーい！

理性：いやいや、それじゃダイエットできないじゃん。今は我慢しようよ。

感情：ヤダヤダヤダ！①どうしても食べたい!!（大号泣）

理性：うーん、困ったなあ。②うるさいし、泣き止ませたいから、食べさせてしまおう。ダイエットは明日から始めればいいか。

感情：やったー‼ お菓子食べられる！

【行動】

今日はお菓子を食べる。ダイエットは明日から始めよう。

いかがでしょうか。こういう経験をしたことがある方は、少なからずいらっしゃるのではないでしょうか。恥ずかしながら、僕も同じ経験があります。客観的に見ると吹き出してしまいますが、実際に僕たちの脳内で行われていることなのです。

さて、このダイエットの例では、「感情で決め、理屈を探して正当化する」という過程が登場しています。傍線部①「どうしても食べたい‼」は感情の発露であり、②「うるさいし、泣き止ませたいから、食べさせてしまおう」は、理屈を探し、感情が決めた行動を正当化している状態です。

このように、**僕たちの日々の行動は、感情によって左右されます**。冷静に判断したと思っていたことも、実は皆さんの〈**感情**〉によって行動内容が選ばれていたことがおわかりいただけたでしょうか。

行動を決める感情が常にプラスの感情（喜・楽）であるならばよいのですが、マイナスの感情（怒・哀）の場合は、問題が生じることがあります。負の感情に支配され、後悔するような結果になってしまったことはありませんか？

・子どもが言うことを聞かず、怒鳴ってしまった
・友人の態度が癪《しゃく》に障り、つい、嫌味を言ってしまった
・夫に自分の気持ちを理解してもらえず、悲しくて涙が止まらない
・仕事の努力を評価してもらえず、悔しくて深酒してしまった

マイナス感情が表れると、自分で自分を制御するのが難しい状態になります。前向きに考えるどころか、前向きとは正反対の方向へと舵を切ることになりがちです。そして最悪の場合は、家族や友人、会社や地域コミュニティにおける人間関係に、大きなヒビが入る結果をもたらすのです。

大事なことは、マイナス感情が表れたときに、**いかに早く「フラットな感情」**

に戻れるかです。マイナス感情に支配された状態では、前向き思考をすることは非常に困難です。また、マイナス感情が表れないように制御するのも難しいものです。そこで、マイナス感情が現れたときに、素早く気持ちを立て直す、つまり＜**フラットな感情**＞に戻すことが重要なのです。

② 感情が乱されるしくみ

そもそも「マイナス感情」とは、なぜ発生するのでしょうか。マイナス感情が出ているときは、感情が乱されている状態です。これは、**自分で制御ができないものにこだわっている**ことが大きな原因です。

ではここで、ご自身のマイナス感情が何に起因しているのかを確認するために、ワークに取り組んでいただきましょう。

【ワーク①】マイナス感情を振り返る

1週間を振り返り、マイナス感情になったときの状況を、原因がわかるように書き出してみてください。（制限時間5分）

（回答例）

・朝ごはんの時間になっても子どもが起きてこなくて、イライラした
・宅急便が時間通りに届かず、焦った
・苦手な親せきが家に来ることになり、げんなりした
・買おうと思っていた品物が売り切れで、がっかりした
・夫が話を聞いてくれなくて悲しかった
・大切にしていたキーホルダーを落としてしまい、ショックだった

【ワーク②】状況を整理する

ワーク①で書き出した状況を「自分で制御できること」と「自分で制御できないこと」に振り分けてみましょう。

自分で制御できること	自分で制御できないこと
カバンにキーホルダーを入れる	子どもが起きてこない
	宅急便が届かない
	親せきが家に来る
	品物が売り切れる
	夫が話を聞いてくれない

お疲れさまでした。自分がどのような状況になったときにマイナス感情が発生したのか、確認いただけましたか。また、マイナス感情を引き起こした要因は、自分で制御できるものとできないもの、どちらが多かったでしょうか。おそらくほとんどの方は、「自分で制御できないもの」の方が多くを占めていたのではないでしょうか。

怒りや悲しみの中には、大切な人が亡くなったり、災害に見舞われたりするような人生を揺るがす大きなものもありますが、日常的に起こるマイナス感情は、人間関係のちょっとしたトラブルのようなものが大半を占めます。僕たちは、自分でどうにもできないことにこだわり、感情を乱しています。少し厳しい言葉を使うと、怒りも悲しみも、自分で勝手に怒り、悲しんでいる――すなわち、〝自作自演〟であることが多いのです。

③ マイナス感情との向き合い方

それでは、僕たちはどのようにしてマイナス感情と向き合っていくべきなのでしょうか。ポイントは2つあります。

1つ目のポイントは「**マイナス感情を受け入れる**」です。感情を表す代表的な言葉が＜**喜怒哀楽**＞であるように、僕たちの感情にはプラスもマイナスもあるのが、普通の状態です。

マイナス感情が引き起こすできごとの大きさに、「マイナス感情なんて、いらない」と思うこともあるでしょう。しかし、マイナス感情があるからこそ、プラス感情が引き立つのであり、マイナスとプラスの両方があるから、彩り豊かな人生を送ることができるのです。マイナス感情を否定する必要はなく、マイナス感情もプラスの感情と同じように受け入れることが大切です。

2つ目のポイントは「**自分で制御できることに集中する**」です。1つ目のポイントでご説明したとおり、マイナス感情を受け入れることは大切です。しかし、マイナス感情が大爆発をしてしまうのは避けたいところです。そのためには、自分でコントロールできないことは手放し、「**自分に扱える範囲で何とかする**」を心がけるのです。

先のワークで確認いただいたとおり、日々のいらだちや憤りの多くは、**他者を操作しようとして引き起こされます**。自分でコントロールできないことをコントロールしようとして、できないことにストレスを感じ、マイナス感情が出ている状態です。

次項でご説明する実践編では、この2つ目のポイントとなる「**自分で制御できることに集中する**」ためのメソッドをお伝えしていきます。これは、マイナス感情に陥ったときに、素早くフラットな状態に立て直すこと、すなわち「**感情のハンドルを握る**」ためのメソッドです。

2 実践編：感情のハンドルを握る3メソッド

さあ、いよいよ実践編に取り組みます。最初に確認しておきたいのは、＜**感情のハンドルを握る**＞とは、常にプラスの感情でいることでも、マイナスの感情を排除することでもありません。**マイナス感情に陥ったときに、素早くフラットな状態に立て直すこと**です。めざしたい姿は、「**感情に振り回されない自分**」です。

これまでに何度か繰り返してきましたが、成果を得るために最も大切なことは＜**継続**＞です。まずは1週間続けることを心掛け、目安として3カ月継続することを目標に、チャレンジしていきましょう。

感情のハンドルを握る3メソッド
①現状を把握する
②客観視する
③マイナス感情を排出する

メソッド①「現状を把握する」

前向き思考に変えていくために最も大切なのは、「**自分を知ること**」です。まずは、**自分がどのような状態のときにマイナス感情になりやすいか**を把握します。早速、次ページのワークで確認していきましょう。

「自分のマイナス感情を知るワーク」では、皆さんがこれまでの経験を基に、「怒り」「悲しみ」「イライラ」「焦り」「不安」のそれぞれについて、どのような状況のときにこれらのマイナス感情が表れたのかを記入していただきます。

記入する内容は、「ＰＴＡ活動で『明日までに名簿を作って』と言われたので徹夜で作成したのに、当日になったら『やっぱりいらない』と言われて頭にきた」といった具体的なエピソードでもよいし、「理不尽なことを言われると腹が立つ」などと簡潔にまとめていただいても構いません。

ワークシートは、そのまま書き込んでも、コピーしていただいても構いません。また、ノートや白紙などに書き写していただいても結構です。

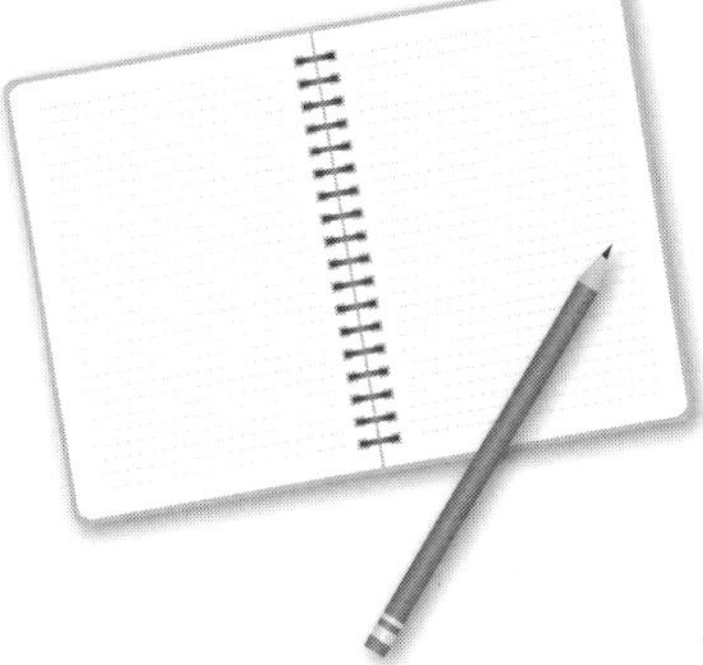

自分のマイナス感情を知るワーク

あなたが次のような感情を抱くのは、どのような状況のときでしょうか。具体的に記述してください。

▽怒り

▽悲しみ

▽イライラ

▽焦り

▽不安

自分のマイナス感情を知るワーク（記入例）

▽**怒り**

・理不尽なことを言われたとき

・自分の気遣いや配慮を否定されたとき

▽**悲しみ**

・自分のことが認められないとき

・がんばっているのに褒めてもらえないとき

▽**イライラ**

・予定通り進まないとき

・家事が溜まっているとき

▽**焦り**

・子どもに危険が及んだとき

・子どもがテストで悪い成績を取ったとき

・他の家ではできていることができていないとき

▽**不安**

・お金が足りないとき

・自分の老後を考えるとき

マイナス感情について振り返るのは、少し気が重かったかもしれませんね。大変おつかれさまでした。自分の感情を整理できたでしょうか。これで、感情のハンドル握れる自分への第一歩を踏み出すことができるはずです。続いては、こうしたマイナス感情に支配されてしまったときの自分を、客観的に見つめるためのメソッドをご紹介します。

メソッド②「客観視する」

本章のはじめに、感情が私たちの行動を決める一方で、理性は感情の暴走を食い止める役割を果たしていると述べました。ところが、僕たちが感情に支配されているとき、ストッパーとなるはずの理性はどこかに消えてしまっています。

感情の暴走とは、いわば、お菓子売り場で駄々をこねている小さな子どものような状態です。床にひっくり返って足をばたつかせるなど、なかなかの暴れっぷりです。皆さんも、お子さんが幼かったころに何度も経験されたことと思いますが、こうした状態になると、しばらくは何を言っても無駄、親の言うことには耳を貸しません。

こうした親（＝理性）の手に負えない状態になるのを避けるために必要となるのが、**自分を客観視する癖**です。自分の状態を客観的に見ることは、理性の存在を確認するようなものです。つまり、感情の暴走を止めることができるのです。

しかし、自分を客観視するには、コツが求められます。そのコツは、次の2段階のトレーニングで掴むことができます。第1段階は、**客観視の感覚を掴むトレーニング**です。頭の中にある「感情」と「理性」を視覚化させ、「感情を出している自分」を「本来の自分（＝理性の自分）」とは別人格として観察してみましょう。

第2段階は、**別人格の自分が抱いた感情を察知するトレーニング**です。マイナスの感情が浮かんだときに、「感情を出している自分」が何らかのマイナス感情を持ったのだな、と判断することで、感情だけを自分から切り離して見つめることが可能になります。では、早速、トレーニングを始めましょう。

【第1段階】客観視の感覚を掴むトレーニング

用意するもの

鏡、またはスマホなどのカメラ機能付き電子機器

方法

1. 鏡を持ち、もしくは電子機器のカメラ機能を起動し、自分の顔が映るように調節します。
2. 鏡やカメラに映る自分に対して、名前を呼びかけます。名前は必ずしも本名である必要はなく、小さいときのニックネームや、ご両親から呼ばれていた愛称など、ご自身がしっくりくるものを選んでください。
3. 自分の子どもに話しかける感覚で、「○○ちゃん（くん）、今日は何していたの？」と尋ねます。

4．問いかけに対して、頭に浮かんだ内容をそのまま口に出して、会話を続けます。

（例）

自分「たっくん、今日は何していたの？」

鏡の中の自分「今日はラーメンを食べたかったのに、お店が休みだったんだ」

自分「そっか。残念だったね」

鏡の中の自分「うん、明日もう一度行ってみるよ」

自分「明日はラーメンを食べれるといいね！」

ここがポイント！

自分とは別に、鏡の中に「もう一人の自分」がいる感覚をつかみます。「もう一人の自分」と、まるで自分の子どもと会話しているかのような感覚でやりとりできたらＯＫです。

【第２段階】「鏡の中の自分」の感情に気づく

日常生活の中でマイナスの感情が表れたら、「鏡の中の自分が、何か気持ち良くない感情を持っているな」と冷静に判断します。

（例）
朝食の時間になっても子どもが起きない
「もうっ！　どうしてあの子はいつも、決めた時間に起きてこないの！」
←
「ハッ！　鏡の中の自分がイライラしているな」

ここがポイント！

自分以外の何かに対してマイナスな感情がわいてきたら、その場で3秒数えてみてください。すると、「本来の自分」と「鏡の中の自分」を区別しやすくなり、「鏡の中の自分」の感情に気づけます。

メソッド③「マイナス感情を排出する」

メソッド②では、客観視という手法を使って、自分の中から感情を切り取りました。ただし、切り取っただけでは感情は行き場を失い、不完全燃焼状態に陥ってしまいます。このままではモヤモヤした感覚が残るだけです。

その状態を避けるために必要なのが、**マイナス感情を排出すること**です。マイナス感情の排出には、＜**共感する**＞と＜**外に出す**＞の2つの方法があります。それぞれ詳しく見ていきましょう。

【共感する】

誰かと会話をしているとき、相手が無表情・無反応だと「ちゃんと聞いてる？」「本当に話を理解してくれているのかな？」と、不安で落ち着かない気分になるものです。このような状態では、会話の後には消化不良感が残ってしまいます。

実は、マイナス感情を感じているとき、私たちも同じ状態になっています。「鏡の中の自分」が持っている感情に気づいたら、自分の子どもに話しかけるように、「鏡の中の自分」に**共感の言葉**をかけましょう。そうすることで気持ちが落ち着き、冷静さを取り戻します。

（例）

・子どもがなかなか起きなくてイライラ……　←

早く起きてほしいからイライラしているんだね。

学校に遅刻するんじゃないかとハラハラするのは、つらいよね。

・作ったお弁当を、子どもが食べずに残念……　←

苦労して早起きしたのに、がっかりだね。

よしよし、せっかく作ったのに残念だったね。

ここがポイント！

感情が高ぶってしまい、声を掛ける余裕がない場合は、メソッド②「客観視する」から始めるとよいでしょう。

【外に出す】

スッキリした感覚を手に入れたい場合は、感情を排出してしまうのが最善です。世の中にはさまざまな感情の吐き出し方がありますが、ポイントは「**人に迷惑をかけないこと**」です。

ここでは、「**誰にも迷惑をかけない**」かつ「**即効性がある**」ものをご紹介します。ここで挙げるもの以外にも、「ジョギングする」「大声でカラオケを歌う」「マインドフルネスに取り組む」など、多くの方法が存在します。ぜひ、ご自身に最も適した方法を見つけて、取り入れてみてください。

・クッションや枕を叩く

ムシャクシャした気分や怒りを排出したいときにお勧めなのが、「**物に当たる**」ことです。とはいえ、破壊行為は法律に反しますので、クッションや枕などを相手にすると平和に解決できるでしょう。怒りを口に出しながら叩くと、短い時間でスッキリします。

・天井を20分見つめる

悲しい気分や落ち込んだときなどにお勧めしたいのが、こちらの方法です。マイナス感情を感じたら、その場を離れて、一人になれる場所へと移動します。椅子に腰掛けるか、床やベッドに寝転がり、ただひたすら天井を見続けます。その状態で20分もすると、フラットな気持ちに戻っていることを実感できるでしょう。

感情は身体とつながっています。前向きな状態のときの行動をとることで、脳が良い勘違いをして、気持ちを前向きに変えてくれるのです。「**上を見る**」というのは、前向きな行動の一つです。

・人に話す

意識せずとも、多くの人が取り入れている方法ではないでしょうか。人に話すことは、外に出す行為そのものです。ただし、できることならば子どもに愚痴を言うのではなく、気の知れた友人やパートナーの方に協力を仰ぐことをお勧めします。

ただし、女性が男性に聞き役をお願いするときは、話し始める前に「相談したいわけではない」「話を聞いてくれるだけでいい」という点を必ず伝えてください。というのも、女性はただ話を聞いてほしくて話しているのに、聞き手の男性が「こうした方がいいよ」「もっと○○したら？」などとアドバイスをした結果、途中からケンカになってしまうケースが多々あるからです。最後には、女性が「もういい！」と怒ってその場を立ち去るという、新たなマイナス感情の発生を引き起こすことになりかねません。

これは、男性の「**解決思考**」によるものです。男性は、女性とは別人種ともいえる、物事を解決したがる生き物なのです。悪気があるわけではないので、解決思考のスイッチがオンになってしまわないように、最初に先の〝一言〟を伝えておくと安心です。

ここがポイント！

女性が男性に聞き役をお願いするときは、話し始める前に、「ただ話を聞いてくれるだけでよい」と伝えておきます。

3

ステップ2のまとめ

感情のハンドルを握るとは

マイナス感情が表れたときに、素早く
「フラットな感情」に立て直すこと。

マイナス感情との向き合い方

・マイナス感情を受け入れる
・自分で制御できることに集中する

感情のハンドルを握るための3メソッド

①現状を把握する
↓自分がどのような状態のときに
マイナス感情になりやすいかを知る

②客観視する
↓「鏡の中の自分」の感情に気づく

③マイナス感情を排出する
↓共感する、外に出す

第7章

ステップ3：正しいコミュニケーション方法を知る

1 知識編：正しいコミュニケーションの効果

僕は、生徒に対して「**してほしいこと**」を伝える機会が多くあります。「テキスト○ページの問題を解いて」といった単純な作業から、「志望校に合格するためには、毎朝○○することを習慣にしてほしい」といった実行のハードルが高いものまで、1日150人近い生徒に同じことを伝えますが、多くの生徒は指示どおり動いてくれます。

一方、保護者の方からは「うちの子は先生の言うことは聞くのに、私たちの言うことはさっぱり聞かなくて……」という相談をいただくことがあります。この違いは何かを考えたとき、一つのことに思い当たりました。それは、僕自身が意識して実践していること、すなわち「**関係性をスムーズに作ることができるコミュニケーション**」を取り入れているかどうか、ということです。

関係性をスムーズに作ることができるコミュニケーションとは、正しい知識に基づいたコミュニケーションです。これを実践することで、次の3つの効果が期待できます。

① 人間関係の悩みが減る

僕たちは、大小さまざまな悩みを抱えています。悩みの種類にはいろいろありますが、大きく「**お金**」「**健康**」「**人間関係**」の3つに分類されると言われています。前向き思考にシフトしていく過程では、特に、この人間関係の悩みがネックとなり、足踏みをしてしまう人がいるようです。適切なコミュニケーションを知り、それを実践することは、人間関係における悩みを減らし、前向き思考へのハードルを減らすことにつながります。

では、＜**正しいコミュニケーション**＞とはどのようなものなのでしょうか。

僕は「**人との関係性をスムーズに作ることができること**」だと考えます。具体的には、次のような状況を作り出すことができるコミュニケーションです。

・相手の思いに寄り添える
・自分が伝えたいことをしっかりと聞いてもらえる土台を作る
・お互いに前向きに行動することができる

僕たち人間にとって、コミュニケーションは生まれた瞬間から始まるものであり、成長の過程で、特に意識せずに身につけてきたものです。そのため、なんとなく慣習的に行っているものも多く、そのコミュニケーションにどのような効果があるのか、もっと良い手段が存在するのかなどについて、意外と知らないケースも多いのではないでしょうか。

今は、コミュニケーションに関する書籍がたくさん発行されています。また、昨今の科学の発達により、脳や心の研究が急速に進みました。そのおかげで、明確な根拠に基づいた知識を気軽に知ることができます。

僕は薬学部出身ということもあり、科学的な裏付けのある知識を定期的に取り入れるように心掛けています。コミュニケーションについても例外ではありません。学んだ知識を実践して、「これは効果があるな」と実感できたものを、本章でみなさんにお伝えしていきます。場当たり的なやりとりではなく、**メソッドを軸にしたコミュニケーション**ができるようになると、人間関係の悩みは目に見えて減っていきます。正しいコミュニケーションを実践することで、「**前向きに考えることができる自分**」への道のりが、より鮮明に見えてくるでしょう。

② 心の余裕が生まれる

正しいコミュニケーションを身につけると、人間関係の悩みが減ることが期待できると述べました。すると同時に、「**心の余裕が生まれる**」という副産物が手に入ります。

僕たちは、地域や学校、職場などのコミュニティの中で生活していくうえで、例えば次のような悩みを抱えがちです。

・子どもが友達とケンカした
・職場の上司とそりが合わない
・ママ友との付き合いがしんどい

・マンションの上階の人の生活音がうるさい

こうした人付き合いの悩みに加えて、家庭の悩みも尽きません。

・子どもの進路はどうするのか
・高齢の両親の介護は誰が担うのか
・パートの仕事は雇用が不安定だ
・夫婦仲がギスギスしている
・老後資金が不足するのではないか

ところが、僕たちの目の前には、家事や仕事、育児や介護など、常にやるべきことが山積みです。こうしたタスクに追われて忙しい毎日を送っていると、目の前のことをこなすことに必死です。自分や家族が抱える重要な問題に、長期的な視点を持って腰を据えて取り組んだり、ベストな解決策を求めて試行錯誤したりする余裕はなく、場当たり的な対応でやり過ごしがちです。しかし、当然、その場しのぎの対処は良い結果をもたらしません。こうして、余裕のなさから、負のスパイラルに巻き込まれてしまうのです。

しかし、正しいコミュニケーション方法を知っていると、人間関係の悩みごとの3分の2は解消されると言ってよいでしょう。すると、その分、頭や心に余裕ができます。つまり、そこに前向きに考えるためのスペースが生まれるのです。そこで育てた前向き思考が、本質的な問題の解決に大いに役立ちます。つまり、好循環、正のスパイラルを生み出すのです。

③　子どもの自信につながる

最後に「こういう効果もあるのだな」と知っておいてほしいことがあります。それは、**正しいコミュニケーション方法は、子どもの自信につながる**ということです。

人間のDNAには、「**新しいこと＝危険なこと**」と刷り込まれているため、誰しも、新しいことへの挑戦には慎重になります。大学受験は多くの子どもにとって人生で初めての経験であるため、無意識に次のように認識しています。

大学受験　＝　新しいこと　＝　危険なこと

「勉強しなければならないとわかっているけれど、身体が動かない」とか、「本番になると頭が真っ白になって、力が発揮できない」といった状態を引き起こすのは、「**大学受験＝危険なこと**」と認識してしまっていることも要因の一つとして考えられます。しかし「本能に刷り込まれていることだから、しょうがないよね」と諦めるわけにはいきません。この本能の刷り込みに打ち勝つための武器が＜**自信**＞です。そして、その自信は、正しいコミュニケーションで育てることができるのです。

自信を手に入れ、新しいことへ果敢に挑戦していくために必要なのが、「**安全地帯**」の存在です。保護者の皆さんは、受験生にとって最も信頼できる「**安全地帯**」です。これからお伝えする正しいコミュニケーションは、ぜひ、真っ先にお子さんに向けて実践してみてください。自分の親から受ける正しいコミュニケーションによって築く自信は、最強のものです。他人である僕たちとは比べ物にならないほど、効果があります。

それでは、次項から＜**正しいコミュニケーション方法**＞の具体的なメソッドを確認していきましょう。ご紹介するのは、次の3つのメソッドです。

正しいコミュニケーション方法を知る3メソッド

①受容して、共感する
②褒め方、叱り方
③「プラスのシール」を貼る

2 実践編：正しいコミュニケーション方法を知る3メソッド

メソッド①「受容して、共感する」

突然ですが、ここで次のような状況を想像してみてください。あなたが友人たちと会話しているシーンです。

あなた「先月からピラティスに通い始めたの。そうしたら身体が軽くなって、肩こりも和らいだんだ。」
友人A「まだ通い始めて2カ月だし、あなたの勘違いじゃないの?」
友人B「ピラティスなんて痩せないし、肩こりにも効かないよ。私だったらジムでトレーニングするわ。」

自分のことを誰かに話したときに、相手の第一声がこのような否定語だと、多くの人は次のように感じることでしょう。

・受け入れてもらえない（悲しみ）
・私は間違っていない！（怒り）
・私は間違えているのだろうか？（不安）

こうした心境のときには、仮に相手の意見が正しかったとしても、それを素直に受け止めることは難しいものです。人から受けると傷ついてしまう、こうしたコミュニケーション。しかし、実は自分でも無意識に行っていることが多くあります。

僕がよく、生徒たちから聞く話をご紹介しましょう。生徒たちが勉強の合間にスマホを見ていると、かなりの高確率で親御さんから「スマホを触ってばかりで、勉強してるの？」と言われるそうです。

子どもの立場からすると、「検索サイトで調べ物をするために見ていた」とか、「勉強が一段落したから、ちょっと休憩したところだった」とか、「友達から急ぎのメッセージが届いたから確認しただけ」とか、いろいろな言い分があります。そうした意見に耳を傾けることなく「ちゃんと勉強してるの？」と言ってしまうと、子どもから大きな反発を招いてしまいます。

本章の最初にご紹介した「子どもが言うことを聞いてくれない」という状況は、こうした「**受容の欠如**」が招いているのだと、僕は考えます。

【受容】
相手の言葉、気持ち、考え方などをありのままに受け入れること。自分の考えで批判したり、評価したりすることはしない。

スムーズなコミュニケーションへの初めの一歩は、〈**受容すること**〉です。まずは、相手の話していること、話したいことをいったん受けとめましょう。自分の意見を一方的に押し付けたり、相手の考えを批判したりすることは厳禁です。

受容を心掛けるだけで、物事は円滑に進んでいきます。

では、具体的な方法を見ていきましょう。受容するときのポイントは3つあります。

ポイント1：相手がどんなに間違ったことを口にしても、いったん受け止める

（例）「そうなんだ」
「そういう状況なのですね」

ポイント2：相手の話を最後まで聞き、途中で遮らない

ポイント3：言葉だけでなく、表情や態度でも受容している姿勢を示す

（例）・身体の向きを相手に向ける
・あいづちを打つ
・一緒に驚いたり悲しんだりする

簡単なことのように見えますが、いざ実践してみると、なかなか難しいことがわかると思います。また、普段の自分のコミュニケーションを振り返ってみてください。「話を途中で遮ってしまう」「スマホを操作しながら話を聞いている」など、思い当たる節はありませんか？

さらに、効果が上がるのが〈**共感**〉です。**相手の話を受容した後に、共感を示す**のです。

【共感】
相手が伝えたいことを相手の目線で同じように感じ、互いに共有すること。

大事なのは、「相手を理解できた」と自分が感じることではなく、相手に「自分のことを理解された」と感じさせることです。共感することで、相手の心の窓は完全にあなたに向けて開かれます。この状態でようやく、あなたのアドバイスを受け入れてもらえる準備が整うのです。共感するときのポイントは、次の2点です。

ポイント1：同意・同感・同情（「私」が主語になっている状態）を避ける

（例）話し手が「勉強が大変なんだ」と伝えてきた場合

○共感「（あなたは）勉強が大変だと思っているんだね」

×同意「（私も）勉強が大変だと思う」

×同感「（私も）勉強が大変な気持ちはわかる」

×同情「（私は）勉強が大変でつらそうに思える」

ポイント2：相手に「自分のことを理解されている」と感じさせる

（例）話し手が「勉強が大変なんだ」と伝えてきた場合

○「そっか、勉強が大変なんだね」
×「大変なのは今だけだよ。勉強を続けたら、成績が上がるよ！」

では、「受容」と「共感」を実践するために、ここで次のワークに取り組んでみてください。ワークでは、４つのケースを取り上げています。それぞれ、どのようにコミュニケーションを取るのがよいか、考えてみてください。できるだけ具体的に登場人物やシチュエーションを思い浮かべ、実際に発する言葉や態度、声のトーンなどまで詳細にイメージしてみてください。それが、あなたの日々のコミュニケーションに落とし込めるかどうかのカギになります。

正解・不正解はありませんが、僕だったらこのように対応するな、という受容と共感の例を載せておきます。ご参考になりますと幸いです。

【ワーク】「受容と共感」

ケース1．いつもと変わらない月曜日の朝。子どもが突然、ぽつりと次の言葉を口にした。

「私、学校に行きたくない」

あなたが行う受容：

あなたが行う共感：

（参考）

受容の例：「そっか」

共感の例：「〇〇は学校に行きたくないんだね」

ケース2．今朝、夫に「仕事帰りに牛乳を買ってきてね」と依頼して送り出したが、帰宅後、「ごめん！ すっかり忘れてた！」と言われた。

あなたが行う受容：

あなたが行う共感：

（参考）

受容の例：「あらまぁ」

共感の例：「牛乳、買い忘れちゃったんだね」

ケース３．友人と一緒にランチをしていたところ、そこにいない別の友達について「○○さんてさ、付き合いが悪いと思わない？　いつ誘っても来ないよね」と悪口を話し始めた。

あなたが行う受容：
あなたが行う共感：

（参考）
受容の例：「そうなんだ」
共感の例：「○○さんのこと、そう思っているんだね」

ケース４．職場の部下が慌てた様子で駆け寄ってきた。
「申し訳ありません、私の発注ミスで、本日納品予定の商品がお客さまのところに届いていませんでした」

あなたが行う受容：
あなたが行う共感：

（参考）
受容の例：「なるほど」
共感の例：「商品がお客さまのところに届いていないんだね」

メソッド②「褒め方、叱り方」

世の中には「**褒め方**」「**叱り方**」の良書が数多く存在します。それだけ重要なコミュニケーションだと捉えることもできます。

褒めるも叱るもどちらも大事ですが、どちらかに偏りすぎると、いびつな関係を生むおそれがあります。15年以上教育の現場にいた僕の肌感覚としては、「**褒**

め8割、叱り2割」だと、関係性がうまく築きやすいと感じます。

褒めるも叱るも、保護者の皆さんはお子さんに対して日常的に行っているコミュニケーションではないでしょうか。お子さんが小さかったころには、立って歩くと褒め、自分で食事ができると褒め、歌を歌うと褒め、何をしても大いに褒めてあげたのではないかと思います。

ところがティーンエイジャーになった今はどうでしょう。最近はどんなことで、どのようにお子さんのことを褒めましたか?「通知表が10段階評価の10だった」「部活で上位入賞した」など、かなり高度なレベルに達していないと褒めていないケースも多いのではないでしょうか。

まずは、**関係性をスムーズに作れる褒め方**からマスターしましょう。「褒めるところが見つからない」という場合は、自分が「**できて当たり前**」と思っていることに注目してみましょう。相手の立場で見てみると、努力してできるようになったこともあるはずです。まずは、小さな成功を見つけ、褒めてみることから始めてみましょう。褒めるときのポイントは、次の2点です。

ポイント1：その人の本質や過程を褒める

○「片付けしてくれたの⁉ 気がきくなぁ。さすが！」
×「片付けができてえらいね！」
↓「片付け」という行為ではなく、その人の本質を褒める

ポイント2：「何が良いのか」を具体的に伝える

○「テストで80点も取れたんだ！ 毎日遅くまで勉強していたのが報われたね。すごいね！」
×「テストで80点も取れたんだ！ すごいね！」
↓「80点を取った」という結果ではなく、努力の過程を具体的に褒める

「すごい」や「えらい」などの褒め言葉は、どこを褒めているのかがわかりにくいという短所があります。また、行為や結果だけを褒めると、その結果が得られなくなったときに、自信を失う原因になります。まずは、相手の本質や、結果に至るまでの過程を具体的に挙げて褒めた後で、「すごい」や「えらい」などと称えるように心がけてください。

続いては「**叱り方**」に取り組んでいきましょう。最初に押さえておきたい知識があります。それは、「**叱る**」と「**怒る**」の違いです。みなさんは、この2つの違いを説明することができますか？

【叱る】：「相手」がより良い方向に行ける方法を示すこと
【怒る】：「自分」の感情を外に出すこと

叱ると怒るは、軸が「**相手**」なのか「**自分**」なのかが異なります。言うまでもないことですが、関係性をスムーズに作っていくのは「叱る」の方です。自己中心的ともいえる「怒る」は、相手との関係を損ねる可能性もありますので注意してください。

では、関係性をスムーズに作れる叱り方をマスターしましょう。ポイントは、次の３つです。

ポイント１：「叱る＝相手のため」を意識する

ポイント２：「行動」のみを対象に叱り、人格や性格は否定しない

ポイント３：「怒った状態で伝えた内容は、相手にはほとんど残らない」ことを念頭に置く

（例）テストの結果が30点だった子どもに対して叱る

○「毎晩2時間以上ゲームをしている生活を見直さないといけないね」

○「復習があまりできてなかったよね。そこに原因があると思うよ」

×「ゲームなんてもう禁止だ！　だからお前はダメなんだ！」

×「こんな点数を取って恥ずかしい！　ちゃんと勉強しなさい！」

とはいえ、どうしても自分の感情が抑えられないときもあるでしょう。そうしたときのために、＜**一時停止ワード**＞を決めておくことをお勧めします。怒りが爆発する前に、その感情をいったん止めておく言葉です。

僕は「なるほどね」と「そうなんだ」を使うようにしています。誰かからイラッとするようなことを言われたときや、想定外のアクシデントに遭遇したときに、「なるほどね」と口に出したり、「そうなんだ」心の中で呟くのです。すると怒りで膨らみそうになっていた心からプシューッと圧が抜け、頭が冷静さを取り戻せます。

叱る場面というのは、予期せず発生するものです。どのようなときであっても「**怒る**」ではなく「**叱る**」ができるように、あなたに効く独自の一時停止ワードを活用して、感情をコントロールしていきましょう。

ではここで、ワークに取り組んでいただきましょう。「受容と共感」のときと同様に、4つのケースを用意しました。それぞれ、どのようにコミュニケーションをとるのがよいか、できるだけ具体的に考えてみてください。

【ワーク】「叱る」

ケース1．子どもが、学校の宿題を終わらせずに遊びに出かけていた。

あなたの叱り方：

（参考例）

「遊びに行く前の約束は、覚えている？ 約束を守ってくれないのが、お母さんはとても悲しい。〇〇は約束を守れる子だよ。次からは守れそうかな？」

ケース2．子どもが友達とケンカをして、相手に怪我をさせてしまった。

あなたの叱り方：

（参考例）
「誰かを傷つけるのは、良くないことだ。どうして良くないのか、○○ならわかると思う。どうかな？」

ケース3．パートナーが、子どもの運動会の日に別の予定を入れてしまった。

あなたの叱り方：

（参考例）
「子どもの行事に関わることは、大切なことだから覚えておいてほしい。○○は、あなたが運動会に来ることを楽しみにしていたよ。参加できる方法はあるか、できる範囲で構わないから、考えてほしいな。」

ケース４．部下の発注ミスで、納期までに商品が届けられず、顧客に迷惑をかけてしまった。

あなたの叱り方：

（参考例）

「お客さまに迷惑をかけてしまったのは、取り返しのつかないことだから仕方がない。発注ミスにつながった過程で、ダブルチェックが抜けていたのは良くなかったね。同じことを繰り返さないように、今後どうすればよいだろう。○○さんなら、考えられるはずだ。」

「してはならないことをしてしまった」背景には、彼らなりの理屈があります。そこを否定すると、相手の心のシャッターが閉じ、聞いてほしいことにも耳を傾けてもらえなくなります。まずは、「あなたの話も聞くよ」という姿勢を示すことが大切です。
また、相手に「してほしいこと」を伝えるときは、**「私」を主語にして話します。**「あなた」が主語になると、相手は責められているように感じ、拒否したくなります。「あなたはこうした方がよい」ではなく、「私はこうしてほしい」と伝えるのです。そして、叱った後は「あなたならできる」という期待のメッセージを添えることをお勧めします。人は期待されると、それに応えようと、がんばれるからです。
叱り方には唯一絶対解があるわけではありません。相手の成長を思って声を掛けることが大事です。このポイントを意識して、練習を繰り返していくことで、**上手な叱り方**が身についていきます。トライアンドエラーを重ねながら、より良いコミュニケーションをマスターしていきましょう。

メソッド③「<プラスのシール>を貼る」

みなさんは「**レッテル**」という言葉を聞いたことはありますか?「**レッテル**」とは、物事を型にはめて考えようとする自分の心の癖です。3番目のメソッドは、心理学における「**レッテル**」の考え方を使ったコミュニケーション方法です。

例えば、電車の中などで見かけた人に対して、次のような決めつけをすることはありませんか？

・優しそうな女性ね
・几帳面な感じの方だな
・あの人はだらしなさそう
・賢そうな子がいる

これは「**レッテルを貼っている**」という行為です。事実かどうかは脇に置き、〝○○そう〟というシールを、その人に勝手にペタッと貼っているのです。

こうした行動は、身近な人に対しても無意識のうちに行っています。次のような言葉を、本人を前に気軽に口にしてしまっていませんか。

・あなたはだらしない子ね

・うちの娘は勉強ができないから
・息子はおっちょこちょいで
・落ち着きがない子なの

お子さんや家族に対して「**直してほしい**」と思っていることは、多かれ少なかれ持っているものと思います。しかし、レッテルを貼ることにより、「**直してほしい**」部分が助長されてしまうこともあるのです。つまり、レッテルを貼られた人は、そのレッテルの内容が強調されるような行動をとってしまうのです。

「あなたはだらしがない子ね」
↓
「だらしがない子」というシールを子どもに貼る
↓
だらしがない行動をとる

なんとも怖いことです。一方で、このレッテルという考え方は、上手く使うと抜群の効果を引き出してくれます。つまり、「あなたはこんな子になれるといいね」「あなたはこんなことが、もっとできるようになるよ」という＜**プラスのシール**＞を貼ってあげるのです。

人は貼られたシールを際立たせるような行動をとるため、自然と「なってほしい姿」に向けて行動できるようになっていきます。＜**プラスのシール**＞は、どのような場面で貼っても構いません。ポイントは、次の2点です。

ポイント１：「あなた」を主語にする

ポイント２：相手が恥ずかしがったり否定したりしても、「あなたはできる人だ」とはっきりと伝える

（例）
・家事を手伝ってくれたとき
「○○くんて、気が利くね！」
・高い目標を達成したとき
「あなたには困難を乗り越える力があるのね！」
・体調を気遣ってくれたとき
「○○ちゃんは本当にやさしい子だね」

では、ワークに取り組んでいただきましょう。本章のはじめでもお伝えしたように、まずはこのコミュニケーションをお子さんに向けて実践いただきたいと思っています。それが、お子さんの自信につながるためです。そのため、「プラスのシールを貼る」ワークも、できれば、お子さんを思い浮かべながら取り組んでみてください。

【ワーク】「＜プラスのシール＞を貼る」

1．プラスのシールを貼りたい人を一人決めます。

プラスのシールを貼る相手

2．1で決めた人の「褒めたいところ」「得意分野」「もっと成長が見込める点」など、プラスな事柄を10個程度書き出します。

・
・
・
・

……

3．当日もしくは近日中に、2で挙げた事柄を相手に伝え、「プラスのシール」として貼ります。
対面で伝えるのがベストですが、難しい場合は電話やメール、SNSなどを活用しても構いません。

「プラスのシール」は、自分の心の中で勝手に貼って終わらせるだけでは、意味を成しません。相手に伝えて初めて、効果が発揮されるものです。相手に伝えるのは少し気恥ずかしく、勇気が必要かもしれませんが、プラスの言葉を掛けられてうれしくない人はいません。ぜひ、楽しみながら取り組んでみてください。

ステップ3のまとめ

正しいコミュニケーション方法とは

その人との関係性をスムーズに作ることができること

正しいコミュニケーションの効果

①人間関係の悩みが減る
②心の余裕が生まれる
③子どもの自信につながる

正しいコミュニケーション方法を知るための3メソッド

①受容して、共感する
→相手の言葉や気持ちをありのままに受け入れ、相手の目線で同じように感じ、互いに共有する

②褒め方、叱り方
→その人の本質や過程を、具体的に褒める
「相手のため」を意識して、行動のみを叱る

③「プラスのシール」を貼る
→「あなたは〇〇できる人だ」と相手に伝える

参考文献

『高校受験 志望校に97%合格する親の習慣』道山ケイ 青春出版社
『子育てが上手くいく!「ママのココロ貯金」のすすめ
親と子の自己肯定感を上げる33のポイント』東ちひろ メイツ出版
『子育てコーチングの教科書』あべまさい ディスカヴァー・トゥエンティワン
『子どもの将来は「親」の自己肯定感で決まる』根本裕幸 実務教育出版
『子どもの成績を伸ばす親と伸ばせない親の習慣』安村知倫 明日香出版社
『子どもを叱り続ける人が知らない「5つの原則」』
石田勝紀 ディスカヴァー・トゥエンティワン
『育てにくい子どもを伸ばす魔法の言葉かけ』片野晶子 アスコム
『脳を守る、たった1つの習慣―感情・体調をコントロールする』
築山節 NHK出版
『前向きな子はすべてがうまくいく! 子育てに迷ったら読む本』
石田勝紀 海竜社

謝辞

本書に記されたメソッドは、すべての問題を魔法のように一瞬で解決できる特効薬ではありません。けれども、続けていけばいくほど効果を感じやすい、漢方薬のようなメソッドです。

「合格」という高い頂上に向かって、お子さんと一緒に登山を始められている保護者の皆さんの一助になれればと願い、少しでもお役に立てていただけるものを掲載しました。


志望校に合格するためには、一夜漬けの勉強では太刀打ちできません。一歩一歩、やるべきことを実践し、できることを積み上げていくことが、合格の最短ルートであることを生徒たちに伝えています。

保護者の皆さんも、お子さんと一緒に、コツコツとできることを積み上げ、「前向き思考」を作り上げていただけたら、これほど嬉しいことはありません。

冒頭でお伝えしたように、受験を乗り切るのに不可欠なのは、保護者の皆さんの応援です。お父さん・お母さんがお子さんの合格のために変わろうと努力する姿を見て、お子さんも変化すると確信しています。

多くのご家族が、合格という頂上にたどり着けることを切に願っております。

最後に、出版にあたり、多くの方々のご支援をいただきました。僕を信じて授業を受け続けてくれた生徒たち、予備校に通わせてくださった保護者の皆さま、生徒をサポートしてくださった予備校のスタッフの方々、多くの生徒に出会わせてくださった予備校教務担当の方々、また、終始適切な助言をいただいた小倉悠司先生、メンタルトレーナーの入江ひとみさんには本当にお世話になりました。心より感謝申し上げます。

予備校講師　岡島卓也

著者略歴

岡島 卓也（おかじま　たくや）

大手大学受験予備校の化学科講師。
15年間にわたって大学受験予備校で化学を教えた経験から、「合格には学力だけでなく、メンタルの強さが必要だ」という考えに至る。現在は予備校講師のかたわら、受験の世界にメンタルトレーニングを普及させる取り組みを行っている。

企画協力：高橋 恵治（NPO法人企画のたまご屋さん）

受験親必読!
「本番に弱い」を克服するメンタルトレーニング

〈検印廃止〉

著　者　　岡島　卓也
発行者　　桃井　克己
発行所　　産業能率大学出版部
東京都世田谷区等々力 6-39-15　〒 158-8630
（電 話）03（6432）2536
（FAX）03（6432）2537
（振替口座）00100-2-112912

2020 年 11 月 15 日　初版 1 刷発行

印刷・製本所　日経印刷

（落丁・乱丁はお取り替えいたします）　ISBN978-4-382-05790-6